"十四五"系列规划教材
学前教育专业通用教材(美术)

总主编 庆旭

SECAI

色彩 第二版

主　编　吴慎峰
副主编　吴胜兰　万　娟　廖沛然　许高明
参　编　高晓囡　陈柏兰　王春子　孙　磊

苏州大学出版社
Soochow University Press

图书在版编目(CIP)数据

色彩 / 吴慎峰主编. —2版. —苏州：苏州大学出版社，2023.3

"十四五"系列规划教材 学前教育专业通用教材. 美术

ISBN 978-7-5672-4137-4

Ⅰ. ①色… Ⅱ. ①吴… Ⅲ. ①学前教育-色彩-高等学校-教材 Ⅳ. ①G613.6

中国国家版本馆 CIP 数据核字(2023)第 034942 号

版 权 所 有
盗 版 必 究

书　　名：	色彩（第二版）
主　　编：	吴慎峰
责任编辑：	方　圆
装帧设计：	吴　钰
出 版 人：	盛惠良
出版发行：	苏州大学出版社（Soochow University Press）
社　　址：	苏州市十梓街1号　邮编：215006
网　　址：	www.sudapress.com
E - mail：	sdcbs@suda.edu.cn
印　　装：	苏州市深广印刷有限公司
销售热线：	0512-67481020　邮购热线：0512-67480030
网店地址：	https://szdxcbs.tmall.com/（天猫旗舰店）
开　　本：	889 mm×1 194 mm　1/16　印张：12.75　字数：325千
版　　次：	2023年3月第2版
印　　次：	2023年3月第1次印刷
书　　号：	ISBN 978-7-5672-4137-4
定　　价：	49.80元

凡购本社图书发现印装错误，请与本社联系调换。服务热线：0512-67481020

《学前教育专业通用教材（美术）》编委会名单

丛书主编 庆 旭

主 编（按拼音字母排序）
陈皎月 高 伟 关向阳 金红莲 陆 辉 孙中国 吴慎峰 詹克兢

副主编（按拼音字母排序）
范小虎 冯 臻 刘艺婷 孟庆敏 邵 勇 吴胜兰 徐 卉 张 峰 张 琪
赵燕青

编 委（按拼音字母排序）
毕 冉 曹雪钰 陈柏兰 陈皎月 范小虎 冯 臻 高 伟 高晓囡 葛 筠
关向阳 胡克龙 黄玉兰 焦媛媛 金红莲 匡亦青 李天峰 连丽英 廖沛然
刘付平 刘仁朋 刘姝玲 刘艺婷 陆 辉 罗方敏 孟庆敏 庆 旭 邵 勇
沈 聪 沈亚威 孙 磊 孙中国 万 娟 王 菁 王春子 王茂霞 王梦舟
王艳华 王玉舒 吴 海 吴丽平 吴瑞睿 吴慎峰 吴胜兰 徐 卉 徐 健
许高明 朱 伟 朱骏益 詹克兢 张 峰 张 琳 张 琪 赵燕青 赵玉文

参加编写的单位

（按拼音字母排序）

常熟理工学院 常州幼儿师范学校 东营职业学院 德州市幼儿师范学校
赣州师范高等专科学校 广西梧州学院 贵阳幼儿师范高等专科学校
合肥幼儿师范高等专科学校 湖南民族职业学院 江苏旅游职业学院
江苏省连云港中医药高等职业技术学校 连云港师范高等专科学校 南京财经高等职业技术学校
南京晓庄学院 宁夏幼儿师范高等专科学校 山东省平原师范学校 宿迁高等师范学校
苏州科技大学 苏州幼儿师范高等专科学校 潍坊学院 徐州幼儿师范高等专科学校
盐城幼儿师范高等专科学校 扬州市职业大学 运城幼儿师范高等专科学校

总序

庆旭

苏州大学出版社出版的这套学前教育专业通用教材之美术、书法教材共八册，即《素描》《色彩》《中国画》《艺术设计》《手工》《儿童装饰画》《书法》《硬笔书法》。本套教材的编写主要基于以下思路：

第一，基础性。学前教育是师范教育的一部分，其与其他师范教育在专业性质上是一致的，只是毕业生择业走向稍异而已。作为师范教育的学科内容，基础性乃重要一环。因为学前教育的对象恰走在漫长人生中的起步阶段，这一阶段走得稳与不稳、实与不实，对其今后人生的发展起着关键作用。儿童对世界、自然、社会和人的认知是从这个阶段开始的。所以，学科设置中的基础性，如基础知识、基本技能是必须优先考虑的。这一理念在本套教材编写初始的编写会上就被我们着重提出，并作为首要遵循的编写指南放在每一本书的开篇。这样学生在学习的时候就会有一种预设的观念与思想的准备，进而在实践训练中能够科学地分配时间。

第二，全面性。一直以来，因为多种原因，学前美术和书法教材在编写体例、内容设计等方面都存在不少问题。笔者以为关键问题在于从业人员，尤其是一线的任教者缺乏足够的深度思考，缺乏主动出击的精神。因为学前教育专业的特殊性，其审美范式、理想、愿景是有别于其他专业的。而很多教师还在被动地"引用"普通师范大学的美术、书法教材来指导学前教学，这显然是欠考虑的。可行的切入路径之一，即从"全面"入手。学前美术、书法教育的全面性表现在两科所涵盖的系统分类方面，如美术中的素描、色彩是学习的基础和铺垫，对它们的扎实训练有助于以后各个美术门类学习的展开，特别是在幼儿园环境创设中所涉及的空间造型、设计等；中国画则为东方艺术的特类，迥异于西画的审美体系，在学前教育专业学生的美术学习中不可或缺；艺术设计、手工、儿童装饰画乃学前美术教育在实际教学、活动中的直接运用，始终为学前美术教育教学之大宗。书法中的软硬分类虽不科学，但在通俗的语境中有一定的存在价值。其中毛笔书法与中国画同类，教学目标与理想也一致，它是中国文化核心的核心，学前教育专业学生不能不学。硬笔具有广泛的实用意义。当然，全面性并非面面俱到，像行书即为选修课程，旨在供部分学有余力的学生学习。

第三，专业性。不论是教育教学乃至社会事务，人们最渴望的理想状态，即"专业的事情专业的人来办"，虽然这一理想在客观的现实世界中常被打折。但幸运的是，这套教材的编写组最终实现了这一理想。因为在组建编写团队时，我们首要考察的是作者的"专业性"。这种"专业性"，不仅仅体现在作者求学时期的专业，也体现在其教学研究方向的专业、教学法的专业，还体现在其从事艺术教育、专业实践过程中所散发的虔诚的定力、定心与专业的自信力。在笔者所从事的教学科研与艺术创作的短短二十多年中，一直推崇"专业性"这一学术素质，有时近乎苛刻。在这个富有活力的编写团队中，所有老师都是专业学者，因为他们一直深深地扎根于各自的研究领域并辛勤耕耘，取得了很多研究成果。有一点需要请读者注意，我们此处所说的"专业性"并非仅仅限定在具体艺术门类的知识与技能的专业中，而在于它指向了学前教育对应的"专业性"——将会引起各位兴趣的是我们在教材中设置了紧密联系学前教育的内容，如《中国画》中的"幼儿写意花鸟画技法""幼儿写意山水画技法""幼儿写意人物画技法"等，很接地气。

  第四，实用性。当今社会无疑正处于一个科技飞速发展的时代，所取得的成果超乎历史上的任何时期。科技发展的结果是广泛多样的，高效、便捷是其中显性标志。高效、便捷与实用有一种深层的连带关系。有一线的艺术评论者断言，目前的社会审美，甚至扩展到大众之外的有一定专业背景的艺术工作者们，其审美也到了一个自然状态的"读图时代"。这种"读图时代"潜在的价值指向根植于实用原则。因此，本套教材的编写与"读图"联系密切，尤其是《儿童装饰画》《硬笔书法》等。在当下学前教育专业的美术、书法教学中，"实用性"最受幼儿园、幼教专业机构一线美术从业人员的青睐，因此"绘本热"的出现就成为大势所趋。从理论上讲，"实用性"与"专业性"看似有一定的对立，实则不然。实用性的课程设置、知识点与技法点的分配来源于专业性的高度提炼、精简。学前教育专业美术、书法教育虽同属艺术教育之大类，但它与专业美术院校、综合类大学、师范大学的美术、书法专业的教学有很大区别，后者当然终归走向实用，但更多的还是注重美术、书法的艺术本体教育，侧重点不一样。学前教育，它是以实用先行的，我们常能在一线教学现场收到这样的反馈。所以，考察学前教育的美术、书法教学先看它是否实用。本套教材在专业的前提下，注重实用性和可操作性，淡化枯燥的理论讲解。当然，我们并非要剔除一切理论，恰恰理论是必需的，只是我们需要的是那些能够一针见血、切中要害的务实理论，而非空泛的文字堆砌。我们提倡每本书的主编、编者可以按照各自的理解去构架以"实用性"为前提的学前教育专业美术、书法教学体系。

  非常感谢这个团队的所有编写老师，他们是整套教材成型、面世的直接执行者。他们的汗水、知识和才情将会在实际教学中惠及更多学前教育专业的学子。我们深知学无止境、艺海无涯，只要思考，每个人、每个团队都会有无限的提升空间，让我们带着思考前行。

  感谢苏州大学出版社艺术教育编辑部的老师们，没有他们的策划及付出，这套书的出版将会有一定的难度。感谢本套教材的所有编辑老师，他们在学术规范及整体内容的精心审校方面付出了辛勤的汗水，从而保证了教材的学科性与科学性。

  虽然我们在编写时，尽各自学术所能，并在再版时有所改进，但因学力、才力等客观因素的限制，有些地方还存有不足，诚望方家批评指正，以求进步。

2023 年 1 月于苏州金鸡湖畔

序言

作为学前教育中美术教育的基础，色彩是十分重要的一门课程。本书的编写通过理论联系实际，由浅入深，由易到难，由相对具体理解到逐渐辩证、全面理解的过程，力求在讲解色彩的基本共性原理的同时，符合学前美术教育的要求，符合幼儿师范生的学习和接受能力。

为了能编写出较为合理和适用的《色彩》一书，我们组织了部分幼儿师范教育第一线的专业教师和对学前美术教育色彩领域有独到见解的专家，共同进行探讨，取得了以下几点共识。

1. 新：幼师的美术教育色彩学习，不同于义务教育阶段的简单了解，也和艺术专业院校的色彩学习有一定导向和训练方法上的不同。我们力求在符合色彩基本理论的前提下，有新理念、新思维、新课程设计和一定的探索实验性。

2. 实：理解幼师美术教育的目标和要求。通过色彩的学习能为接下来的装饰画、手工、环境布置、绘本制作等课程打好基础。

3. 细：对色彩的基本理论和符合学前美术学习的针对性理论和方法，有详略地做了教材设计安排，结合大师作品赏析及优秀学生作品进行讲解，具有说服力和引导性。

4. 透：通过一系列理论和学生作品，让学生逐渐建立起相对全面的色彩观，明确幼师美术教育色彩学习的倾向性和应达到的教学效果，为学前美术其他方向的学习做好承接工作。

学前教育美术基础色彩的教材建设不可能一蹴而就。编写者深知教材的编写对有效教学责任重大，所以尽力做到合理完整，内容的选择尤为谨慎，有不当之处敬请广大师生批评指正。相信这本《色彩》教材能成为有针对性和时效性、受广大师生欢迎的好教材。

吴慎峰
2023 年 1 月

目 录

001　002　006　009　011　　　019　020　025　　　033　034　041　049　060　068　078

第一章　色彩的基础知识

　第一节　光与色
　第二节　原色、间色、复色、补色的概念
　第三节　色彩的三要素
　第四节　色调

第二章　色彩的对比和调和

　第一节　色彩的对比（色相、明度、纯度、冷暖）
　第二节　色彩的调和（类似、邻近、对比、补色）

第三章　色彩表现材料的不同分类

　第一节　水粉画
　第二节　水彩画
　第三节　色粉画
　第四节　油画棒画
　第五节　彩铅画
　第六节　油画

095　096　104　111　121　122　130　133　138　143　145　149　154　163　164　180　193　194

第四章　色彩的调配、分析和组合
　第一节　色彩的调配
　第二节　色彩的分析
　第三节　色彩的组合

第五章　装饰性色彩的表现
　第一节　装饰性色彩的基础知识
　第二节　装饰性色彩的基本特征
　第三节　变形和变色的表现
　第四节　装饰性色彩写生

第六章　意象色彩表现
　第一节　色块意象
　第二节　肌理意象
　第三节　抽象意象

第七章　作品赏析
　第一节　经典大师美术作品
　第二节　优秀儿童美术作品

参考书目

后　记

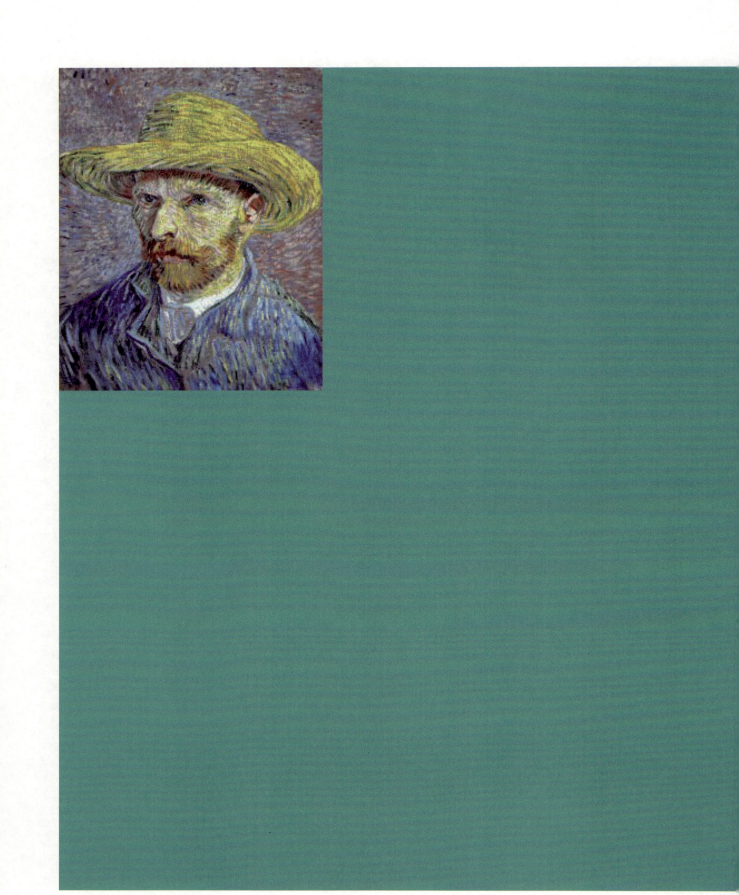

第一章 色彩的基础知识

色彩，是美术领域的重要组成部分，是绘画、设计等领域的重要语言和表现手段。

色彩的基础知识，即色彩现象和色彩一般原理，是色彩学中常用的名词和色彩的调配方法，是不同专业学生都应该学习和掌握的理论知识。

色彩的基本知识是色彩学习的重要组成部分，是指导我们学习、研究和表现色彩的理论依据。

第一节 光与色

德国大哲学家黑格尔说:"色彩——这就是使画家成为画家的东西。"色彩是我们日常生活中不可或缺的组成部分。现在,让我们一起来探索有关色彩的知识吧。

一、色源于光

因为有了光,我们才看到世界上一切物体的存在,进而发现色彩。认识色彩是我们辨别物体的重要条件。

色源于光,能发光的物体叫光源,如太阳、蜡烛、霓虹灯等。

不透明物体呈现出的颜色取决于物体所反射的色光,透明物体呈现出的颜色取决于物体所能透过的色光。光的颜色不同代表光的频率不同。有光才有色,因为色是光的频率造成的(图1-1—图1-3)。

图1-1 阳光

图1-2 烛光

图1-3 霓虹灯光

二、光是色彩的本源

真正揭开光色之谜的是英国科学家牛顿。17世纪后半期，为改进刚发明不久的望远镜的清晰度，牛顿从光线通过玻璃镜的现象开始研究。1676年，牛顿在剑桥大学实验室进行了著名的色散实验。他将一个房间关得漆黑，只在窗户上开一条窄缝，让太阳光射进来并通过一个玻璃三棱镜，结果出现了意外的奇迹：在对面墙上呈现出一条由七色组成的光带，七色按红、橙、黄、绿、青、蓝、紫的顺序一色紧挨一色地排列着，极像雨过天晴时出现的彩虹。通过一个三棱镜七色光束还能还原成白光。这条七色光带就是太阳光谱。牛顿用这个实验证实了色彩的客观存在（图1-4）。

1802年，英国物理学家汤姆斯·杨根据牛顿的理论，经过一系列的研究，得出了一个肯定的结论：光的三原色是红、绿、蓝，而并非颜料的三原色红、黄、蓝。按照光色和颜料的混合规律，人们进一步知道，光色混合，色彩的明度会加强，称为加色混合；颜料混合，色彩则会变暗（图1-5）。

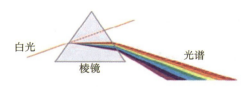

图1-4　三棱镜示意图

图1-5　光学三原色与色彩三原色

三、色彩的分类

丰富多样的颜色可以分成两个大类：无彩色系和有彩色系。

无彩色系是指白色、黑色和由黑白两色调和而形成的各种深浅不同的灰色。无彩色按照一定的变化规律，可以排成一个系列，由白色渐变到浅灰、中灰、深灰，再到黑色，色度学上称此为黑白系列。黑白系列中由白到黑的变化，可以用一条平行轴表示，一端为白，一端为黑，中间有各种过渡的灰色。纯白是理想的完全反射的物体，纯黑是理想的完全吸收的物体。而在现实生活中并不存在纯白与纯黑的物体，颜料中采用的锌白和铅白只能接近纯白，煤黑只能接近纯黑（图1-6）。

图1-6　无彩色系

无彩色系的颜色只有一种基本性质——明度。它们不具备色相和纯度的性质，也就是说它们的色相与纯度在理论上都等于零。色彩的明度可用黑白度来表示，愈接近白色，明度愈高；愈接近黑色，明度愈低。黑与白作为颜料，可以调节物体色的反射率，使物体色提高明度或降低明度。

有彩色系指红、橙、黄、绿、青、蓝、紫等颜色。不同明度和纯度的红、橙、黄、绿、青、蓝、紫色调都属于有彩色系。有彩色是由光的波长和振幅决定的，波长决定色相，振幅决定色调。

有彩色系的颜色具有三个基本特性：色相、明度、纯度（也称彩度、饱和度）。它们在色彩学上也称为色彩的三大要素或色彩的三属性。（图1-7）

四、色彩体系

色彩的三属性可以用三维立体空间形象表示，由此形成一个色空间。主要的色彩体系有伊顿体系、奥斯特瓦尔德色彩体系和孟赛尔色彩体系。下面主要介绍一下伊顿体系与孟赛尔体系。

伊顿体系：

约翰·伊顿是瑞士表现主义画家、设计师、作家、理论家、教育家。他是现代设计基础课程的创建者，与德裔美籍画家里昂耐尔·费宁格和德国雕塑家格哈特·马克斯共事于建筑家沃尔特·格罗庇乌斯带领下的魏玛包豪斯大学。

十二色相环，又称伊顿色相环，由伊顿所设计。这种色相环有着非常鲜明的优点，它直观地展示了色彩规律，把本是复杂的东西简化得十分通俗，比较适合初学者使用。它的构成原理由红、黄、蓝三原色开始，两个原色相加出现间色，再由一个间色加一个原色出现复色，最后形成色相环（图1-8）。

孟赛尔体系：

孟赛尔是美国色彩学家。他在1992年提出标准色版，他的这一体系经过美国国家标准局和光学学会的反复修订，成了色彩界公认的标准色系之一（图1-9）。

无彩色系

有彩色系

图1-7　凡·高《自画像》

图 1-8 伊顿色相环

图 1-9 孟赛尔色立体

第二节 原色、间色、复色、补色的概念

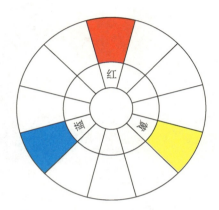

图1-10 色相环中的三原色

一、三原色

在色彩中任何颜料都无法调配和组合出来的色称为原色，又叫一次色。

画家所调配的一切丰富而微妙的色彩都出自红、黄、蓝三种颜色，因此，红、黄、蓝在色环中被称为三原色（图1-10），三原色是最纯的颜色。

自然界中的色彩种类繁多，变化丰富。三原色是最基本的三色，它们是一切颜色的母色。把原色相互混合，可以调出其他颜色。

二、三间色

三间色是三原色当中任意两种原色以同等比例混合而形成的颜色，也叫二次色，和三原色形成对比色、互补色。

例如：红＋黄＝橙（图1-11）：

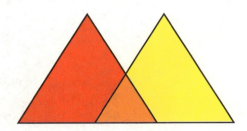

图1-11 红＋黄＝橙

黄＋蓝＝绿（图1-12）：

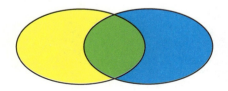

图1-12 黄＋蓝＝绿

红＋蓝＝紫（图 1-13）：

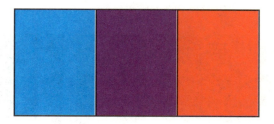

图 1-13　红＋蓝＝紫

橙、绿、紫三种颜色又叫三间色。

在调配时，原色在分量上的不同将产生不同效果。

三、复色

由任意两个间色或三个原色按不同比例调配而产生的颜色叫复色（图 1-14），也叫三次色、再间色。

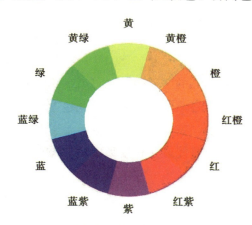

图 1-14　复色色环相

复色包括除原色和间色以外的所有颜色。复色可能由三个原色按照各自不同的比例组合而成，也可能由一种原色和包含有另外两个原色的间色组合而成，所以含有黑色成分，纯度低。

复色是最丰富的色彩家族，千变万化，丰富异常。

三原色、三间色和复色这三类颜色在饱和度上呈现递减关系。通常情况下，在纯度上，三原色最高，三间色次之，复色最低。所以，通常也把复色称为某灰色，比如，蓝灰色、紫灰色、绿灰色等。

学生作业：在基本理解色彩的分类，即有彩色系和无彩色系及三原色、三间色、复色的基础上，三原色中选其二，另加无彩色黑、白，限制四种颜色进行抽象图训练，初步感受色彩的调配（图1-15—图1-16）。

《流水流年》（红、蓝、黑、白）　　《梦里花落》　　《情窦初开》　　《心灰意冷》（红、黄、黑、白）

图1-15　苏兰作品　　　　　　　　　　　　　　图1-16　陶韵至作品

四、补色

在色环中互相正对着（180度）的两种颜色叫补色。补色是对比最强烈的两种颜色（图1-17）。

一种原色与另两种原色调配的间色互称为补色，如红与绿互为补色，黄与紫互为补色，蓝与橙互为补色。

补色的特点是能最大程度地突出对方的颜色，如果混合，就会出现灰黑色。在两种颜色互为补色，并且一种颜色占的面积远大于另一种颜色时，就可以增强画面的对比，使画面更显眼。但补色运用有得有失。

在日常生活中，为了减轻长时间看一种颜色产生的疲劳，视神经会诱发一种补色进行自我调节。例如，长时间对着鲜血的手术医生偶尔转看白大褂或者白色墙面会产生绿色的幻象，从而影响手术质量，所以手术室采用浅绿色墙面可以避免这一情况。

互补色在12色轮中相隔180°

图1-17　补色

第三节 色彩的三要素

日常生活中，人们观察颜色常常与具体事物联系在一起，因为人们看到的不仅仅是色光本身，而是光和物体的统一体。人们感知色彩时，在很大程度上受心理因素（如记忆、对比等）的影响，形成心理颜色。为了定性和定量地描述颜色，国际上统一规定了鉴别心理颜色的三个特征量，即色相、明度和纯度。心理颜色的三个基本特征，又称为心理三属性，大致能与色度学的颜色三变数——主波长、亮度和饱和度相对应。色相对应于主波长，明度对应于亮度，纯度对应于饱和度。这是颜色的心理感觉与色光的物理刺激之间存在的对应关系。每一种特定的颜色都同时具备这三个特征。

一、色相

色相，简写 H，是指颜色的基本相貌，它是颜色彼此区别的最主要、最基本的特征，它表示颜色本质的区别，如大红、普蓝、柠檬黄等。色相是色彩的首要特征，是区别各种不同色彩的最准确的标准。任何黑、白、灰以外的颜色都有色相的属性。在可见光谱上，人的视觉能感受到红、橙、黄、绿、紫这些不同特征的色彩，因此人们给这些可以相互区别的色彩定出名称，我们在称呼其中某一色彩的名称时，就会有一个特定的色彩印象，这就是色相的概念。正是由于色彩具有这种具体相貌的特征，我们才能感受到一个五彩缤纷的世界（图1-18）。

从光的物理刺激角度认识色相是指某些不同波长的光混合后会呈现出不同的色彩表象，人们通过此方式认识色相。

从人的视觉生理角度认识色相是指人眼的三种感色视觉细胞受不同刺激后引起的不同颜色感觉。因此，色相是不同波长的光刺激后所引起的不同心理反应。例如红、绿、黄、蓝是不同的色相，但是，由于观察者的经验不同会有不同的色彩感觉。观察者一般会按波长的次序，将光谱分为红、橙、黄、绿、青、蓝、紫以及许多中间的过渡色，因此，可以用不同颜色光的波长来表示颜色的相貌，称为主波长。如红（700 nm），黄（580 nm）。色相和主波长之间的对应关系会随着光照强度的改变而发生改变，通常所说的色相是指在正常的光照强度下的颜色。

在正常条件下，人眼能分辨出光谱中 150 多种色相，再加上光谱外品红色 30 余种，共约 180 种。为应用方便，就以光谱色序为色相进行基本排序，即红、橙、黄、绿、青、蓝、紫。

图 1-18　色相

二、明度

明度，简写 V，表示色彩的强度，也即色光的明暗度。不同的颜色反射的光量强弱不一，因而会产生不同程度的明暗。其中，亮色被称为高明度，暗色被称为低明度（图 1-19）。

无彩色中明度最高的是白色，明度最低的是黑色，其中的灰色按照顺序，明度依次降低。在表现上，明度越高的色彩越给人一种轻、淡、薄的感觉。明度越低的色彩越给人一种重、浓、厚的感觉。

图 1-19　明度

三、纯度

纯度，简写 C，表示色的纯净程度，即色的饱和度。具体来说，是表明一种颜色中是否含有白或黑的成分。假如某颜色中不含有白或黑的成分，便是纯色，纯度最高；一种颜色含有白或黑的成分越多，它的纯度就会越低。七色除了有各自的最高纯度外，它们之间也有纯度高低之分。红色纯度最高，而青绿色纯度最低（图 1-20）。

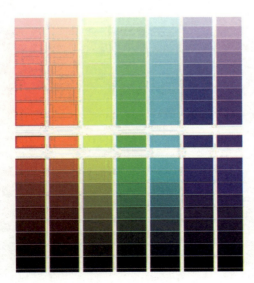

图 1-20　纯度

第四节 色调

一、色调的概念及分类

所谓色调不是指颜色的性质,而是对一幅绘画作品的整体颜色的概括评价,是多种颜色相互搭配所呈现出来的色彩关系,是一个色彩组合的总效果、总倾向与总特征(图1-21)。

通常可以从色相、明度、纯度、冷暖四个方面来定义一幅作品的色调。在这四个要素中,某种因素起主导作用,我们就称之为某种色调。

(1)以色相划分可分为红色调、黄色调、蓝色调等(图1-22、图1-23)。

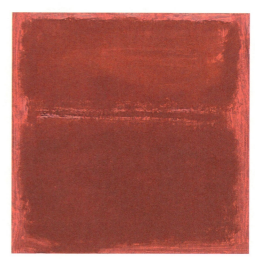

图1-21 罗斯科《无题》

图1-22 毕加索《自画像》

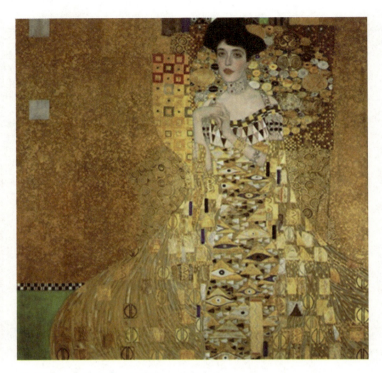

图 1-23 克利姆特《阿黛尔·鲍尔夫人》

（2）以明度划分可分为高色调、中色调、低色调等（图 1-24—图 1-26）。

图 1-24 莫奈《日出印象》

图 1-25　米勒《拾穗者》

图 1-26　伦勃朗《夜巡》

（3）以纯度划分可分为纯色调、中纯度色调、灰色调等（图1-27—图1-29）。

图1-27 凡·高《向日葵》　　图1-28 塞尚《静物》

图1-29 约翰·阿特金森·格里姆肖《风景》

（4）以色彩的冷暖划分可分为冷色调、暖色调（图1-30、图1-31）。

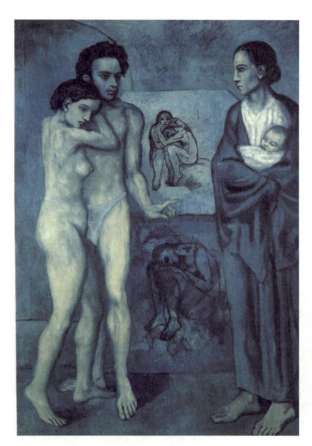

图1-30　毕加索《生命》

图1-31　柴姆·苏丁《青年侍者》

二、影响色调的主要因素

1. 固有色

物体固有色对色调起着重要作用,也可以说固有色是决定色调最基本的因素。例如:一片山林在春天时呈现出一片嫩绿色调;而秋天则呈现出一片迷人的金黄色调;冬天叶落草枯则呈现出一片灰褐色调。这些色调的变化主要取决于物体本身固有色的变化。

2. 光源色

光源会在它所笼罩范围内的物体上留下特有的痕迹。如果在冷色光线照射下,物体就会被统一在冷色调中;相反,在暖色光线的照射下,物体就会被统一在暖色调中。在戏剧舞台上,不同颜色的灯光对舞台色调的影响就是光线决定色调最明显的例子(图1-32)。

图1-32　莫奈《国会大厦》

三、常见的色调运用方法

1. 单色调

单色调是指只用一种颜色,仅在明度和纯度上做调整,间用中性色的一种色调运用方法。用单色调很容易使画面协调统一,但若运用不好也容易出现画面单调的毛病。我们要注意的是运用单色调方法作画时,必须做到色彩有层次,明度系数也要拉开,才可以达到理想效果(图1-33)。

2. 调和调

调和调可以理解为邻近色的配合。这种方法是采用标准色的队列中邻近的色彩作配合。调和调在作画过程中运用不好容易使画面单调,必须注意明度和纯度,并

图1-33　马格里特《校长》

注意在画面的局部采用少量小块的对比色以达到协调的效果（图 1-34）。

图 1-34　克利《中国瓷器》

3. 对比调

画面用对比调易造成不和谐，必须用中性色加以调和，并注意所画色块大小、位置，以均衡布局。在对比调的调和色彩中要注意用中性色。近的纯由远的灰衬托，明的纯由暗的灰衬托，主体的纯由宾体的灰衬托（图 1-35）。

图 1-35　马歇尔·雷斯《日本制造·大宫女》

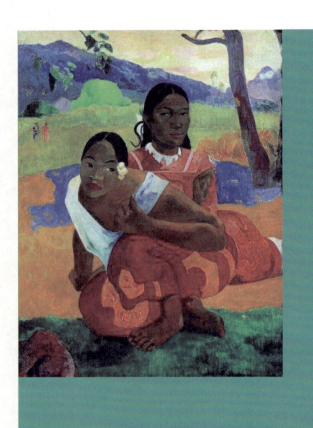

第二章 色彩的对比和调和

色彩的对比与调和是相互依存的。掌握色彩的各种对比关系，能够达到在实践中自如运用的目的。学习掌握色彩对比的各种原则和方法，对学习和理解色彩关系有着十分重要的作用。

第一节 色彩的对比（色相、明度、纯度、冷暖）

色彩的对比是指两种或两种以上并列色相的颜色对比时所产生的差别。作画时，可以运用色彩的对比来突出画面的主体，同时还可以运用对比来加强体积和空间的表现。色彩对比的表现主要有以下四个方面。

1. 色相对比

色相环上任何两种颜色或多种颜色并置在一起时，在比较中呈现色相的差异，从而形成的对比现象，称为色相对比。由于各种色相在色环上的距离不同，它们之间的对比就有强弱之分（图 2-1、图 2-2）。

图 2-1　德朗《老树》　　图 2-2　卡特林《花卉》

2. 明度对比

明度对比指不同明度的色彩组合在一起产生的明暗程度的对比，明度对比将产生不同的视觉效果和心理效应。明度关系可以简单理解为黑白关系，但比黑白关系要微妙复杂。画面色彩的层次与空间关系主要依靠色彩的明度对比来表现。明度对比对画面的清晰与明快起着关键性的作用，被色彩学家称为色彩的骨骼。由于明度

图 2-3　明度对比

对比程度的不同，便形成了高明度、中明度、低明度的区别（图2-3）。

亮调、灰调、暗调直接影响主体所表现的情绪；黑白关系的布局、穿插、呼应，会加强画面的节奏感及物像塑造的条理性（图2-4）。

学生作业： 选择喜欢的大师作品，进行明度改变训练，可以任意变换成高色调、中色调、低色调（图2-5、图2-6）。

图2-4　塞尚《苹果与饼干》

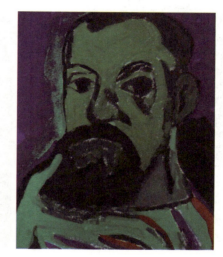

图2-5　陈容变换马蒂斯作品（中色调变低色调）

图2-6　朱凌宇变换鲁奥作品（低色调变中色调）

3. 纯度对比

由于色彩之间纯度差别的大小不同，便形成了高纯度色调、中纯度色调、低纯度色调对比（图2-7、图2-8）。

理论上，最纯的三原色是红、黄、蓝。实际受环境影响，真正纯粹的颜色是没有的。纯与不纯是相对概念。

纯和不纯（灰度）是相对的矛盾体。纯色的组合：强烈、刺激、有张力、有进攻性。灰色的组合：委婉、雅致、抒情、微妙。

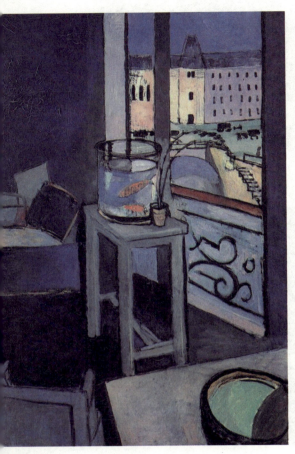

图2-8 马蒂斯《有金鱼缸的室内》

图2-7 马蒂斯《音乐》

学生作业：选择喜欢的大师作品，进行纯度与灰度（不纯）之间的转换训练（图2-9、图2-10）。

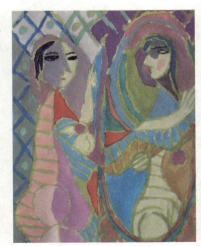

图2-9 潘颖变换毕加索作品（纯到不纯）　　　　图2-10 陶悦变换高更作品（纯到不纯）

4. 冷暖对比

色相由暖色到冷色划分为六个区，使之形成了强对比、中等对比、弱对比。在作画时，为使画面协调，必须从色相、明度、纯度、冷暖上拉开距离，使之对比强烈，方能使画面鲜明、生动（图2-11、图2-12）。

冷色和暖色是一种色彩感觉，冷色和暖色没有绝对界限，都是相比较而言，如朱红色比玫瑰色更暖些，柠檬黄色比土黄色更冷些。

色彩的本身没有冷暖的内在特征，色彩冷暖的产生是客观外界冷暖概念在视觉上和心理上的反映。

倾向于红、黄系统的色彩属于暖色调，带给人热烈兴奋的心理感觉；倾向于青色系统的色彩属于冷色调，有寒冷、沉静的心理感觉；绿色和紫色属于中性色，偏红、黄为暖色，偏青为冷色。色彩冷暖的不同倾向称为色性。暖色中有偏冷的多种层次，如玫瑰红比曙红冷些，曙红又比大红冷些。以中性绿色为例：绿色中黄的成分多，则偏暖；蓝的成分多了，则偏冷些。冷色中也有偏暖的多种层次，如深蓝比普蓝暖，湖蓝又比深蓝暖。

冷和暖是一组相对概念，树立辩证的观念，了解色彩的相对性是色彩思维的关键。画面中大面积的色彩决定了绝对冷暖和相对冷暖的关系（图2-13、图2-14）。

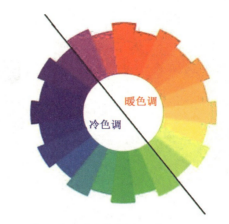

图2-11　冷暖色调

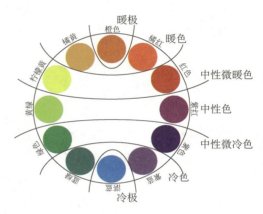

图2-12　色彩的冷暖区域

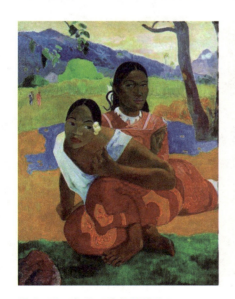

图2-13　高更《你何时嫁人》

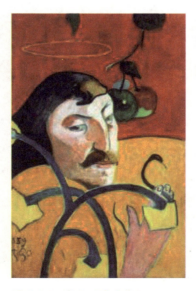

图2-14　高更《自画像》

学生作业： 选择喜欢的大师作品，进行绝对冷暖和相对冷暖之间的转换训练。注意不要混淆绝对冷暖和相对冷暖以及冷色调和暖色调的概念（图2-15—图2-17）。

图2-16　倪雨青变换卡特林作品（相对冷暖变绝对冷暖）

图2-15　黄天骄变换夏加尔作品
（绝对冷暖变相对冷暖）

图2-17　胡盈莘变换高更作品（暖色调变冷色调）

第二节 色彩的调和（类似、邻近、对比、补色）

色彩的调和是指两种或两种以上的色彩经过组合、调整达到和谐悦目的效果。色彩的调和有两种情况：一是在构成画面色彩时，灵活自由地组成美的和谐的色彩关系；二是当发现色彩不调和时，使用适当方法予以调整。

在画面中把千变万化的色彩关系合理协调起来，形成相对统一和谐的整体效果，色彩的调和起着至关重要的作用。调和从字面上看就是和谐和一种秩序感，是在差异中寻求相同性、一致感（图 2-18）。

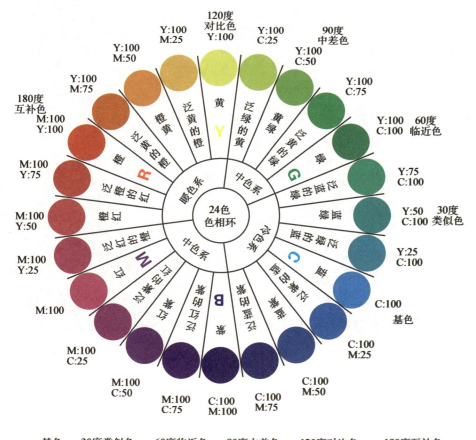

图 2-18　24 色相环

1. 类似色调和

类似色调和即选择性质或程度很接近、很相似的色彩类似调和，如纯度类似调和，明度、色相类似调和，明度、纯度类似调和，色相类似调和等。总之，在24色相环中相距30度以内的两色匹配所形成的色调，如红和橙红、橙和黄橙，都具有色彩柔和的特征，能得到调和感很强的类似调和（图2-19）。

类似色调和追求色彩统一感，主要体现在色相、明度、纯度的同一性上。

图2-19　莫奈《睡莲》（一）

2. 邻近色调和

邻近色调和指 24 色相环中相距 60 度的两色相匹配所形成的色调，如红与橙、红与紫，具有温和、含蓄的特征（图 2-20）。

邻近色调和主要体现在色相、明度、纯度三种要素的相似上。

图 2-20　莫奈《睡莲》（二）

学生作业：选择喜欢的大师作品，把画面对比强烈的往相似色和邻近色转换。相似色和邻近色所呈现的画面是弱对比的，是柔和的、抒情的、平顺的。简而言之，相似色和邻近色为主的画面基本色调统一（图 2-21）。

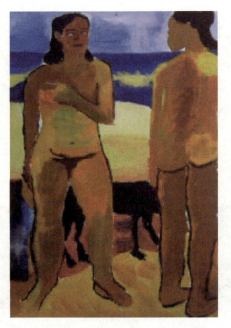
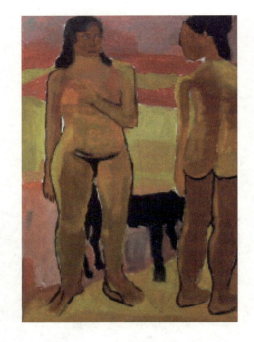

图 2-21 陆佳妮变换高更作品（对比色变邻近色）

3. 对比色调和

对比色调和指 24 相环中距离 120 度的两色相匹配所形成的色调，如红与黄、红与蓝、黄与蓝等，色彩之间具有一定的冷暖对比和反差（图 2-22）。

图 2-22 马蒂斯《音乐》

色相、明度、纯度三种要素处于对比状态，色彩具有活泼、生动、鲜明的效果，这样的色彩组合关系要达到和谐，不是依赖色彩的一致性，而是依靠色彩的对比来实现的。

学生作业： 选择喜欢的大师作品，进行对比调和训练，增加画面的视觉冲击力，注意对比中的调和统一（图2-23）。

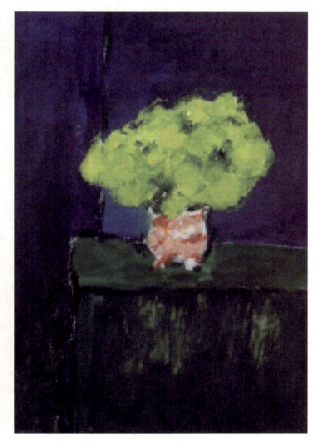

图2-23 顾心仪变换卡特林作品（邻近色变对比色）

4. 互补色调和

互补色调和指24色相环中相距180度的两色相匹配所形成的色调，如红与绿、橙与蓝、黄与紫。补色对比是最为强烈的色彩对比。补色调和运用恰当，画面就形成极强烈的、醒目的视觉效果。补色的运用一般表现强烈的、高亢的、张扬的、跳跃的效果。民间艺术中大红大绿、大黄大紫的补色运用尤为出色（图2-24、图2-25）。

图2-24 凡·高《播种者》

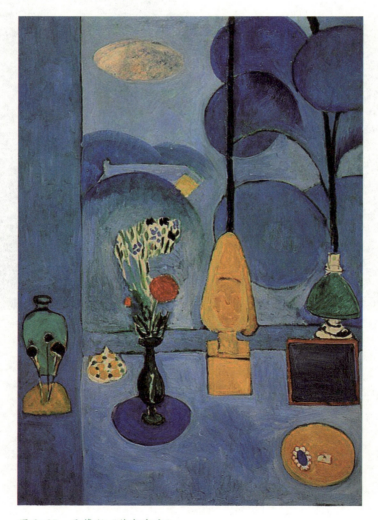

图2-25 马蒂斯《蓝色窗户》

学生作业：选择喜欢的大师作品，进行补色强化训练，在强对比中寻找调和的画面感觉（图2-26）。

图2-26 张敏涵变换凡·高作品（邻近色变互补色）

色彩的对比和调和是色彩美学的一个重要方面，两者相互排斥又相互依存，相辅相成，相得益彰。色彩的对比是绝对的，因为只要两种以上的色彩构成存在，总会在色相、明度、纯度、冷暖、面积等方面或多或少有所不同，这种不同必然会导致不同程度的对比，过分对比的色彩需要加强共性来进行调和，反之过分统一的色彩又需要加强对比来进行调和。

第三章 色彩表现材料的不同分类

在绘画领域，从古到今我们所使用的材料多种多样，大体上可以把它们分为水性的和油性的。水性材料有水粉、水彩、胶彩、丙烯等，油性材料有油画、油画棒等，还有粉质材料，如丙粉、色粉等。

油画、水彩画、水粉画都是绘画领域独立的画种。另外，绘画初学者和绘画兴趣爱好者可以尝试体验不同绘画材料所带来的感受。水粉画是色彩学习中打基础的一个独立画种，色粉画是文艺复兴时期兴起的一个画种，其独特质感如今已成为我们关注的领域，油画棒、彩铅等在当今的儿童绘画中得到了广泛的应用。

第一节 水粉画

一、水粉画概述

1. 水粉画的概念

水粉是色彩展示的一种常见材料，目前广大美术院校学生、美术专业学习者、美术工作者大多选用水粉作画。水粉画是使用水调和粉质颜料绘制而成的一种画。其表现特点为处在不透明和透明之间，色彩可以在画面上产生艳丽、柔润、明亮、浑厚等艺术效果。

2. 水粉画的特性

由于水粉颜料中粉对水色流畅的活动性会产生一定限制，在湿的时候，水粉画颜色的饱和度很高，干后则由于粉的作用颜色失去光泽，饱和度大幅度降低，这就是它颜色纯度的局限性。学习水粉画可以很好地认识色彩，对颜色的透明度有一个新的认识。水粉以水为媒介，水分的多少会使画面"变幻"出许多不同的效果，既可以像水彩一样起稿、铺色，又可以像油画一样逐步深入刻画与塑造。

二、水粉画使用的工具

1. 水粉颜料

水粉颜料是一种水溶性颜料，主要成分有色粉、结合剂、甘油、防腐剂、冰糖、蜂蜜、石灰酸、胆汁、淀粉等。它颜色品种丰富，有12色、24色、36色，有一定覆盖力。水粉适用性广，价格低廉，表现力强，并且易于把握和使用。但在使用时有干得较快、不便于颜色的衔接和颜色干后易变色等缺点。目前市场上有瓶装、管装等多种样式（图3-1）。

2. 画笔

水粉画主要使用羊毫的水粉画笔、羊尾平笔，偶尔也使用毛笔（叶筋）、油画笔、刮刀等工具。

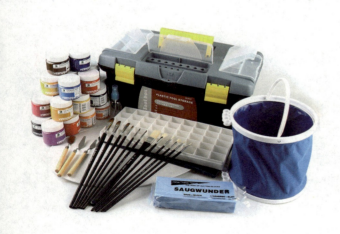

图3-1　水粉画工具材料

3. 纸张

水粉画用纸较随意，水粉纸、水彩纸、铅化纸、卡纸、高丽纸，甚至报纸，都可以使用。

4. 调色盒

市场上销售的塑料调色盒有分体和联体两种，联体调色盒的格子浅小，分体调色盒的格子较大。

三、水粉画的基本技法

1. 填色法

填色法是先勾出造型，再用调好的颜料直接涂在轮廓内，画面重视直观感受，不追求物体的光影变化和色彩的真实性，这种涂色方法简单、易学（图3-2）。

图3-2 吴慎峰《静物》

2. 厚画法

水粉画的表现特点是处于不透明和透明之间，所以它可以在有颜色的底子上反复覆盖或叠加，有很好的覆盖力，既能表现出物体丰富的色彩层次，又可以表现出较强的笔触和质感（图3-3）。

图 3-3 吴慎峰《有鱼的静物》

图 3-4 Tilen Tiu 作品

3. 薄画法

水粉画的媒介物是"水",因而水的多少所呈现出的干湿效果的变化是很大的。薄画法也叫透明画法,调色时用色少一些,用水多一些。它吸收了水彩画及中国画的技法,最大可能地运用水的特点,稀释颜料渲染而成。形成的画面既有水彩画的通透、轻快、湿润感,也有中国画的空气感。但值得注意的是由于水粉画材质的特殊性,一方面,水粉画大量用水之后,画面湿润时和干燥时形成的画面效果是不一样的,水粉画干透时的画面效果并没有水彩画那样透亮;另一方面,水粉的薄画法需要对水、色有很强的把控能力,绘画者应反复练习、揣摩(图3-4)。

4. 构成法

构成法没有具体表现的物体,可用随意勾画的线条和不规则或规则的形体组合成图像画面,不用考虑像与不像的问题,比较自由、奔放,更多的是表达情感和感受(图3-5)。

图 3-5　蒋妮园作品

5. 点彩法

点彩的着色方法是 19 世纪后期法国常用的表现手法。画面用密集的小色点组成物体形象，构成不同的色彩混合效果，给人一种闪烁、灵动的色彩感受。着色时，将色彩分解，用大小不同的笔触将色彩并置，通过空间混合表现出色彩感受（图 3-6）。

图 3-6　钱丽《艳阳下》

6. 干湿结合法

在一幅画面中，往往需要拉开画面的空间关系和虚实关系。近处的物体表现需要干画法，相对而言水分少一些，远处就需要湿画法，或者以干湿衔接所产生的渗透感与边际鲜明的割裂感来体现，趁颜色未干时衔接可使颜色之间过渡柔和，产生虚化感，用来表现画面背景、远处形象、天空的雨等一些不具有明确轮廓边际之物。相反，表现近处轮廓部位则应通过一遍又一遍地铺色来深入刻画（图3-7）。

7. 综合运用法

在水粉画的表现中往往是多种方法相结合使用，有的再加入不同的工具，比如借助于刮刀、直尺、海绵、喷壶等形成不同的干湿效果，或者借助一些日常生活中的蔬菜、水果、树叶、树皮拓印成不同的肌理，或者与油画棒结合形成水油分离的效果，或者加入亮片、金粉等（图3-8）。

水粉用纸的载体广泛，除了常规用纸外，还可以用色粉纸、撕贴纸、瓦楞纸等。

图 3-7　杨健健《阳台上》

图 3-8　Katie Rodgers《礼服》

四、作品欣赏

水粉画的表现题材和表现风格多种多样，我们应从优秀的作品中学习一些表现的角度和技法语言，体会水粉画的特点（图 3-9—图 3-12）。

图 3-9　成艺《蒙特里安的山》

图 3-10　刘欣《仓街》

图 3-11　王若木《有黄色衬布的静物》

图 3-12　成艺《两个玩偶》

五、学生作业

临摹、写生静物或者风景，感受水粉材料的特性，初步认识写生色彩的固有色、光源色、环境色体系（图 3-13—图 3-18）。

1. 静物

图 3-13　顾佳怡作品

图 3-14　钱雪艳作品

图 3-15　陈婧作品

图 3-16　叶娜作品

2. 风景

图 3-17　杨月芳作品

图 3-18　张堃作品

第二节 水彩画

一、水彩画概述

1. 水彩画的概念

水彩画是利用水和透明颜料作画的一种绘画方法。

2. 水彩画的特性

水彩画从欧洲蔓延传播至全世界已接近300年，它透明、极易溶于水、基本没有覆盖性、易干、遇水溶解。水彩画在20世纪时传入我国。它的作画方式、工具材料、意境表达与我国的传统水墨有着异曲同工之处。

水彩画大多采取湿画法，需要把握前后笔触衔接的最佳时刻。水彩画的绘制要遵循由浅入深的程序，也就是先上浅色，随着色彩的叠加，使颜色逐渐加深或透叠为丰富的色相。

二、水彩画的使用工具

1. 水彩颜料

水彩颜料分为固体水彩和管状液态水彩两种。目前市场上有很多品牌的水彩颜料，分为学生级别的和画家级别的。初学者可先从学生级别的入手，当完全了解水彩的性能之后再尝试稍好一些的颜料（图3-19、图3-20）。

图3-19　水彩颜料（固体）

图3-20　水彩颜料（液态）

2. 纸张

画水彩画涉及水的吸收力和晕染,所以用专业的水彩纸较好。初学者可选择康颂水彩本,或者巴比松、梦法儿,价格适中,晕染效果比较好。

3. 水彩笔

常见的水彩笔分为尖头、圆头、扁头等种类,铺大色块的时候可以用扁头,尖头和圆头用来表现细部。这几种笔基本可以表现水彩的各种技法(图3-21)。

4. 其他材料

其他材料有调色盘、喷壶、水桶、留白胶、定画液等。

图 3-21　水彩笔

三、水彩画的基本技法

1. 平涂法

平涂法是用画笔将色彩一块一块地依次填到画面上,不重叠、不渲染,边界清楚,无需表现出方向、笔触、纹理,色块均匀,表现出冷峻、单调、坚硬、对比、规律、统一的效果(图3-22)。

2. 重叠法

重叠法是将颜色由浅入深,一笔一笔地叠加上去的画法(图3-23),但要注意的是,第二笔画上去的时候第一笔的颜色必须是干的。依明暗顺序加上第二笔、第三笔,在色彩多次重叠之后,就能产生明确的立体感、空间感及笔触韵味。重叠法的优点是可以由简到繁,越画越深入,就如同画工笔一样,绘制细腻而具体,可以表现出物体形状以及光线明朗、主次分明、大小对比的状态,写实感不亚于油画。但这种技法也有其缺点,即色块组合不当会造成画面散乱零碎、形体轮廓及前后关系生硬、缺少量感等问题,而无法达到统一的和谐效果。

图 3-22　莱热《芭蕾舞滑冰场舞台服装》

图 3-23 托马斯·莫兰《科罗拉多大峡谷》

3. 渲染法

所谓渲染法,即水彩颜料在已经打湿的纸面上染化,形成渲开、渗染效果的画法(图 3-24)。颜料与水分调和,可表现出迷人的画面效果,既可以追求水色淋漓的效果和气势,使画面明快、爽朗、写意,也可以表现辽阔深远的境界,使画面呈现出文雅、冷静、神秘、飘逸的感觉。

图 3-24 王长寿《开采光明的人》

4. 淡彩法

淡彩法是水彩画最原始的方法，最初只作为画家打草稿的一种方式。先用硬笔、铅笔等画出轮廓的线描，并表现出阴影效果，素描勾勒成形后，再画上色彩。比如法国雕塑家罗丹就是用铅笔勾勒配合水彩渲染，记录人体动态、体积及人物情感内涵，并逐步完善，使之呈现出一种明朗、轻快的风格（图3-25）。

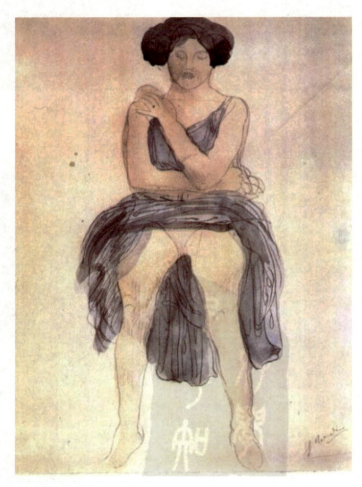

图3-25　罗丹《水彩人体》

5. 干画法

干画法是作画时减少笔毛水分，并用侧缝上下左右推动的画法，适合表现古老的墙、苍劲的木石、腐烂的枯枝等（图3-26）。

图 3-26　怀斯《相情》

6. 不透明画法

不透明画法就是运用厚涂法将颜料一层层涂上去，舍去颜料调水的透明性，将水的成分减至最少，表现的效果没有水彩的透明性。此画法可自由自在地上色，不需要考虑水分、时间、渗透、渲染等因素（图 3-27）。

图 3-27　郑亮《永恒系列之七》

7. 缝合法

缝合法是用渲染的手法将一个个相似的渲染局部空间缝合起来的画法。在水彩画的表现中，每个渲染的空间都有其相似性，每一个局部之间有一个缝隙，而缝合法就是当局部的颜色都干后适当地处理这些缝隙（图 3-28）。

四、作品欣赏

水彩画是具有独特魅力的画种，由于其表现技法的多样性，不同绘画材质，尤其是不同的水彩纸会呈现出不同的效果。学习过程中应逐渐提高自身的审美认识（图 3-29—图 3-32）。

图 3-28　吴慎峰《鱼与肉 1》

图 3-29　爱德华·韦森《船厂》

图 3-30　安德斯·佐恩《画室》

图 3-31　王长寿《荷之秋》

图 3-32　周建捷《偎依之一》

五、学生作业

进行水彩画临摹或者写生训练,静物和风景都可以大胆尝试,以感受水彩画的独特韵味(图3-33—图3-35)。

图3-33 邵梦怡作品

图3-34 蒋静菊作品

图3-35 蒋静菊作品

第三节 色粉画

一、色粉画概述

色粉，是将磨得很细的颜料混合黏土或石灰，用胶水或树脂黏合起来的粉质颜料。色粉笔是为了便于使用而做成的棍状或块状颜料。

色粉画，英文名称 Pastel，来源于意大利语 Pastello。Pastel 有"糊状物体"的意思，表明材料的性能。Pastel 中文也译作粉画、粉笔画、彩色粉画等，顾名思义是一种有色彩的绘画。它并不是水粉画，而是干的特制的彩色粉笔画。色粉画画在有颗粒的纸或布上，直接在画面上调配色彩，利用色粉笔的覆盖及笔触的穿插变化而产生丰富的色调。

色粉画既有油画的厚重的特点又有水彩画的灵动之感，且作画便捷，绘画效果独特，深受西方画家们的推崇。色粉画是西方主要色彩画种之一，大约有 500 年历史，它是从素描演变过来的。让·佩雷尔被认为是最先使用色粉的画家。文艺复兴大师达·芬奇偶尔用少量的色粉来提升画面效果。19 世纪，色粉画在欧美等国得到进一步发展，印象派画家德加则开创了色粉画的现代风格（图 3-36—图 3-39）。玛丽·卡萨特运用色粉表现出柔和的反射光，把色粉画这一古老而又年轻的画种推向艺术的高峰，并留下了许多不朽之作。

图 3-36 米勒《雏菊花束》

图 3-37 德加《舞台上的舞女》

图 3-38　德加《戴手套的歌手》　　　图 3-39　雷东《长颈瓶中的鲜花》

二、色粉画的艺术特点

色粉画兼有油画和水彩画的艺术效果，具有独特的艺术魅力。它色彩晕染变化丰富、绚丽、典雅，最宜表现细腻的物体，如人体的肌肤、水果等。色粉画只需色粉之间互相混合即可得到理想的色彩效果。色粉以矿物质色料为主要原料，所以色彩稳定性好，明亮饱和，经久不褪色（图3-40）。

图 3-40　德加《盆浴》

色粉画表现力强，色彩鲜艳、饱和。色粉画比油画轻便，也不像水粉、水彩那样有水分干湿衔接的问题。所以它不受时间和水分的限制，也不需要借助油、水等媒介来调色，可以直接作画，简易便捷。

三、色粉画的工具材料

1. 色粉画的工具（图 3-41）

炭笔（条）可用于画轮廓。由于色粉颜料性质较为松软，勾轮廓稿时最好用炭笔（条），不宜用石墨笔勾绘。

橡皮、可塑橡皮以及油画笔可以把粉去掉。

用纸笔、软海绵、布或手擦的方式，可使色彩均匀柔和。

定画液用于固定色粉画。必须用特制的油性定画液，也可用透明玻璃（纸）来保护画面。

2. 色粉画的材料

色粉笔：色粉笔分软、硬两种，一般以质地柔软者为佳。习惯以线造型则比较适合使用硬笔。

纸：色粉画一般画在纸上，也可画在布上，如绘图纸、水彩画纸、色粉画纸、色粉画板、卡纸、牛皮纸、油画布等。我国台湾画家一般用的是法国的康松纸，价格比较贵，有压制的纹理，但是纸基比较光滑，不适宜反复加工。一般来说，选用纹理均匀、软硬适度、纸基较厚、比较平整的纸为佳。纸的粗细程度直接决定了画面效果，细纸比较柔和，适合画速写，着色也很容易，缺点是不能反复修改，画的次数多了会把纸的颗粒"腻死"，再加就加不上了；粗纸可以多次进行修改，适合多层次画法。

图 3-41 色粉画的工具材料

四、色粉画的常用表现技法

1. 薄涂法

薄涂法是将几种颜色轻轻地涂在纸上并用手晕开，可以得到梦幻般的浸染效果，有助于渲染画面的意境，常用于背景和大面积底色（图 3-42）。

图 3-42 雷东《维奥蕾特·海曼像》

2. 叠加法

叠加法即厚涂和多层画法，一般用中性色造型打底，定画后加深色，再定画后，逐渐提亮，如此反复多次直至达到理想的层次和厚度为止。每遍上色都透出部分透明的底色，是追求丰厚和多层次效果的主要方法，常用于主体的细致刻画（图3-43）。

这种技法表现力极强，色调过渡非常微妙，画面呈现浑厚、凝重、沉着、耐人寻味的艺术效果。纸张以粗颗粒的为好。

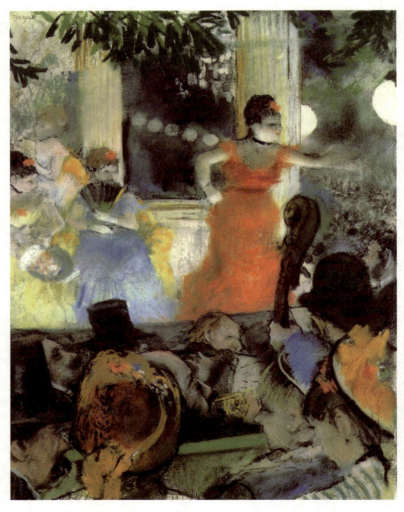

图3-43 德加《昂巴萨德尔音乐咖啡座》

3. 揉擦法

画非常光滑的物体，适当运用揉擦法可以取得很好的效果，如表现人体时用揉擦的方法，可以使皮肤的质感十分细腻光滑。对某些微妙的颜色轻轻揉擦，可显出半透明的感觉（图3-44）。

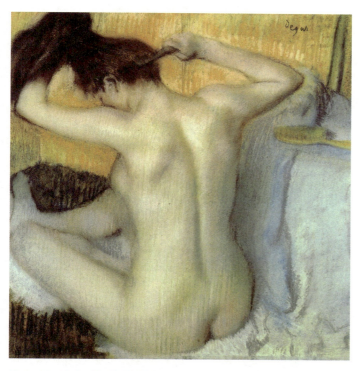

图3-44　德加《梳发女子》

4. 渐变法

渐变法是从一种颜色开始，经过逐步混合，变成另一种颜色的技法。从亮到暗的大幅渐变表现出强烈的空间感（图3-45）。

图3-45　德加《等候》

可以将多种方法应用于一幅画中，画面会显得丰富多彩，充满韵味；还可以在局部加些水彩或水粉画颜色，以节约色粉笔。如果颜色叠加次数太多，或者是在淡色上加了深色，也会发腻、发灰、发粉，这一点要特别注意（图3-46、图3-47）。

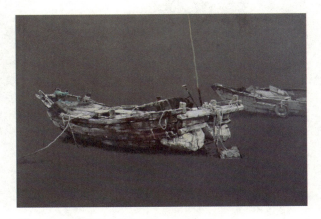

图3-46　周建捷《待之六》

图3-47　周建捷《暖阳之一》

五、色粉画的作画过程

（1）为了能较快地统一画面色调，可用水粉颜料绘制底色。一般以灰绿、棕色、灰蓝、乳黄等中间色或偏灰的亮色作底色。用炭笔（条）可准确勾勒出轮廓造型（图3-48）。

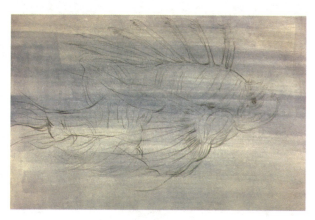

图3-49 绘制底色

（2）进行铺色，应先深后淡，欲暖先冷，欲冷先暖，逐步加亮色调，并注意色彩的透明感。铺色时，应根据物体形象的特点，适当运用色粉画表现技法完成画面，注意色彩搭配要协调（图3-49）。

图3-49 铺色

（3）刻画细节。在深入表现细节时，可以喷一层定画液，以巩固其基础，保留画面的颗粒感，再继续作画（图3-50）。

（4）完成色粉画，用油性定画液固定画面，以便保存（图3-51）。

图 3-50　刻画细节

图 3-51　固定画面　王春子《彩色的鱼》

六、色粉画作品赏析

图 3-52 这幅雷东晚期的作品表现出对生命的怜惜，显得异常辉煌，虚实描绘尤为精彩，体现出生命中最光辉也最绝望的一瞬。

图 3-52　雷东《Opheila》

图3-53李超士的作品充满了浓厚的生活气息，在题材和表现方法上含蓄厚实、质朴可亲，构图章法富有中国传统绘画特色，疏密有致。用笔繁简得当，线条流畅洗练，色彩艳丽协调，并充分运用色粉画纸的底色特点，展现了色粉画特殊的艺术效果。在他的笔下，最平凡常见的瓜果、花卉、静物等，都散发出耐人寻味的艺术魅力，表现出优美的意境，使人得到美妙的艺术享受。

图3-53　李超士《三色堇》

图3-54中，留有大面积色粉纸的底色，类似于中国画留白的效果，着重刻画母鸡和几只小鸡，色彩朴实，动态自然，温暖的感觉跃然纸上。留底的空间不画似有画，给观者一定的想象空间。

图3-54　周建捷《家》

七、学生作业

选择常见的动物、花卉、植物为题材，通过搜集图片素材进行色粉画的感受训练，感受色粉画的常规技法和色粉的材质特点。

1. 花卉（图3-55—图3-58）

图3-55　寿大千作品

图3-56　许顺作品

图3-57　陈菲阳作品

图3-58　张圣瑞作品

2. 动物（图3-59、图3-60）

图3-59　张静怡作品

图3-60　姚玺作品

第四节 油画棒画

一、油画棒概述

1. 油画棒的概念

油画棒是一种固体绘画材料,它是由混合油、蜡、润滑剂等经过加温、加压、冷却、定型而成,它软硬适中,构成合理,表现效果好,且携带方便、使用便捷。

2. 油画棒简介

就油画棒本身而言,现在市场上的产品是多种多样的,其内在成分主要为混合油、蜡、润滑剂、颜料粉、碳酸钙,只不过其中的成分比例不同而已。比例不同,效果也就不同。比如重彩油画棒,色彩更加鲜艳,覆盖效果更好;炫彩棒因为加大了润滑剂、颜料的比重,会形成水溶性效果;重色蜡笔的蜡质成分有所增加,使得色彩衔接自然,画面更加柔和。

不论何种油画棒,都是一种固体油画棒,手感细腻、滑爽、铺展性好、黏合力比较强,在绘制过程中可以反复上色,但这种材料不适合画细腻的形状和风格,表现的画风更加厚重、粗犷、沉稳有力。它不仅仅是儿童涂鸦、平涂为主的一种材质,还可以满足各种高难度绘画的需求,充分展现油画效果(图3-61)。

图3-61　李欣《石榴》

二、油画棒画的材料

油画棒:油画棒品牌多种多样,有国产的、进口的。颜色上有12色、18色、24色、36色。型号有普及型、中粗型等。

纸张:油画棒画可选择纸面纹理较粗的纸张,如水粉纸、水彩纸、砂纸、夹宣、瓦楞纸、纸箱等。

辅助材料和工具:画刀、针、梳子、美工刀、酒精、水性颜料等。

三、油画棒画的基本技法

1. 平涂法

平涂法即简单、直接地在画纸上均匀涂出特定的色块，是最简单、最常用的一种方法。根据物体的特性和走向，平涂法可采用竖涂、横涂、曲线涂、轻重涂等手法，将油画棒均匀涂在画纸上（图3-62）。

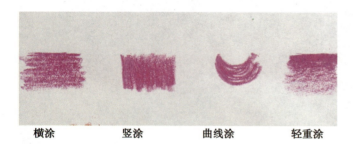

图3-62 平涂手法

2. 渐变法

渐变法是指涂色从一种颜色过渡到另一种颜色的技法。油画棒可以表现出多种色彩，加上其特殊的厚重质感，渐变法可以避免色彩对比过于强烈和生硬的现象，使得颜色过渡更加自然并产生立体感。值得注意的是，我们在渐变时所选择的颜色一定是相近色的渐变，而不是对比色或互补色的渐变（图3-63）。

图3-63 渐变法

3. 擦色法

所谓擦色法就是使用某种工具擦拭油画棒，使其色彩过渡自然，表现得更加柔和朦胧。比如面纸或混色棒，可以反复揉擦、上色，达到预想的效果（图3-64）。

图3-64 擦色法

4. 叠加法

叠加法就是在画纸上涂上一种颜色，再在上面涂上一层深色或浅色的相近色或同类色，使其色彩层次丰富，并有立体感。需要注意的是，互补色或对比色是不可以互相叠加的，容易脏色。我们在熟练掌握了色彩知识后，就可以把它运用在写生中了（图 3-65、图 3-66）。

图 3-65　叠加法

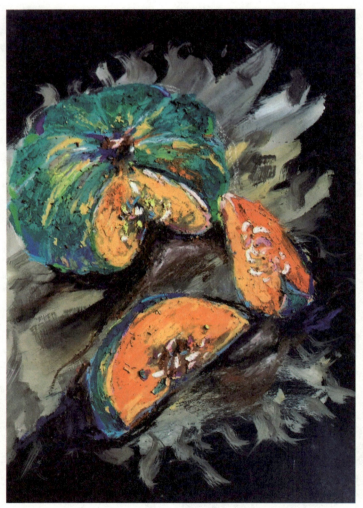

图 3-66　李欣《南瓜》

5. 点彩法

点彩法是运用不同色彩的点或线排列在一起形成的画面效果，点彩可以用于表现动物的毛发、鸟类的羽毛、草地等（图 3-67、图 3-68）。

图 3-67　点彩法

图 3-68　吕佳雪《虎》

6. 刮画法

刮画法就是在卡纸上先涂上一层相对浅色的油画棒作为底色，油画棒要涂得厚重，底层的颜色可以是单色的也可以是多色的，色彩越多，刮后显露的色彩也就越丰富，然后用较为深色的油画棒在表面覆盖一层，再用尖锐的工具（比如牙签、尺子）在覆盖的图层上刮出图案，类似刮画纸出来的效果，刮画纸的颜色可根据画面的需要定夺（图 3-69）。

7. 遮挡法

遮挡法就是运用透明胶带在纸上贴出清晰的轮廓，再在上面用油画棒涂色，最后撕去透明胶带，在画面上留下清晰的轮廓线。为了贴出细腻的轮廓线，可以用透明胶带剪出想要的形状（图 3-70）。

图 3-69　刮画法

图 3-70　遮挡法

8. 水油分离法

我们可在用油画棒完成的作品上用水粉、水彩、水墨等材质表现其他场景。油画棒的材料主要是以油和蜡为基础颜料，所以与水不相溶，这样形成的画面效果也非常独特且漂亮（图 3-71、图 3-72）。

图 3-71　油水分离法

图 3-72　李欣《愤怒的金刚》

油画棒的使用除了上述这些方法之外，还可以将几种方法混合，材料的使用上也可以多种材质结合起来，如色卡纸、牛皮纸、废旧木板、瓦片等。油画棒与这些承载体的结合，可以产生丰富的画面效果。

四、油画棒作品欣赏

油画棒因携带便捷以及其特有的质感和表现手法，逐渐成为外出采风的一种绘画工具，一些优秀的油画家会利用油画棒进行采风或创作构思。油画棒作品已逐渐成为具有独立审美价值的小画种（图3-73—图3-76）。

图3-73 成艺《小丑》

| 色彩 | Colour

图 3-74 寿越千《一方》

图 3-75 寿越千《静》

图 3-76 成艺《艺圃》

五、学生作业

尝试利用油画棒表现动物、植物、景物、人物等，体会油画棒的质感美。

1. 动物（图 3-77—图 3-80）

图 3-77　朱君谊作品

图 3-78　蒋天作品

图 3-79　周瑶作品

图 3-80　钱杰作品

2. 人物（图 3-81、图 3-82）

图 3-81　陆雯作品

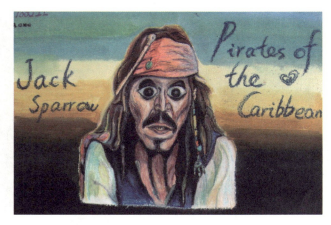

图 3-82　杨湘怡作品

第五节 彩铅画

一、彩铅画概述

1. 彩铅画的概念

彩铅画是一种介于素描和色彩之间的绘画形式,它的独特性在于色彩丰富且细腻,可以表现出较为轻盈、通透的质感(图 3-83)。

图 3-83　胡琪作品

2. 彩色铅笔简介

彩色铅笔是指用彩色颜料而非石墨所制作的一种绘图铅笔,即用颜料与黏土黏合料混合制作的彩色颜料铅笔。

彩色铅笔分为两种,一种是水溶性彩色铅笔(可溶于水),另一种是不溶性彩色铅笔(不能溶于水)。不溶性彩色铅笔可分为干性和油性。油性彩色铅笔相比水溶性彩色铅笔色彩更丰富,更易叠色。

水溶性彩色铅笔又叫水彩色铅笔,它的笔芯能够溶解于水,碰上水后,色彩晕染开来,可以实现水彩般透明的效果。水溶性彩色铅笔有两种功能:在没有蘸水前和不溶性彩色铅笔的效果是一样的，蘸上水后就会变成像水彩一样，颜色非常鲜艳亮丽，十分漂亮，而且色彩很柔和。

彩色铅笔的笔芯是由含色素的染料固定成笔芯形状的蜡质媒介物做成，媒介物含量越多，笔芯就越硬。制图时用硬质彩色铅笔，笔芯即使削长、削尖也不易断；软质铅笔则不宜削尖、削长。淡色的笔芯较硬，深色或鲜艳色的笔芯较软。

二、彩铅画的必备工具（图3-84）

彩色铅笔：常见的几种彩铅品牌有辉柏嘉、马可雷诺阿、酷喜乐等。

铅笔：好的打底铅笔不会损伤纸面，选择B、2B铅笔都可以。

纸张：选择纸面纹理较细的纸张，如素描纸、复印纸、胶版纸、彩色铅笔专用纸张。纸张既是色彩的载体，也是保存画稿的基础。

橡皮：普通橡皮可擦除不需要的局部，可塑橡皮可用来减淡色调效果。

纸笔、棉签：可以用纸笔、棉签来减弱、融合色彩。

美工刀、卷笔刀：彩色铅笔作画时很费笔尖，要经常用刀削尖。

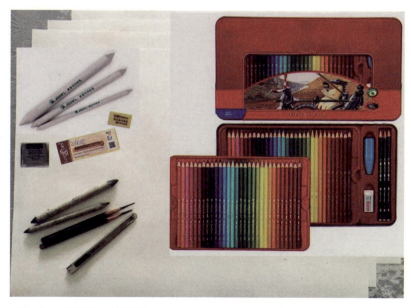

图3-84　彩铅画工具材料

三、基础的彩铅画绘画技巧

1. 彩铅画执笔技巧（图3-85—图3-87）

不同的握笔姿势能画出不同的效果，可以根据画面需要选择相应的握笔姿势。

直立式：将画笔稍微立起来，用笔尖可以画出较细的线条。

写字式：将画笔稍微倾斜，如同写字一般，画出的线条粗细适中。

横握式：将笔放倒，能画出较粗的、柔和的效果，适合大面积涂色。

图3-85 直立式

图3-86 写字式

图3-87 横握式

2. 彩铅画的线条表现

直线：直线是绘画最基础的线条，可以用来表现棱角分明的物体轮廓等（图3-88）。

图3-88 直线

弧线：弧线相比直线要更灵活，可以用弧线来表现弯曲的轮廓或比较轻巧的物体，比如动物的羽毛等（图3-89）。

图3-89　弧线

绕圈线：用绕圈的方式来画线条，可以用来表现质感蓬松的物体，如动物毛发、毛绒玩具等（图3-90）。

图3-90　绕圈线

短线：排列的短线组合，可以用来表现表面有纹理的物体（图3-91）。

图3-91　短线

3. 彩铅画常用表现技法

平涂法：平涂法是色铅画中最基本的上色技法，多用于大面积上色或涂底色。平涂时运用彩色铅笔的侧锋轻轻地来回均匀涂画，用力要均匀，一层一层地慢慢加深，使画面色彩更平整（图3-92）。

图 3-92　平涂法

渐变法：灵活地运用画笔，可使画面的颜色产生丰富的变化。线条疏密的叠加会出现渐变的色彩效果。下笔力度由轻到重可轻松画出单色渐变效果。可单色渐变，也可多色渐变（图3-93）。

图 3-93　渐变法

叠色法：用两种不同颜色相互叠加，可融合出新的色块效果（图3-94）。

图 3-94　叠色法

同一画面中可以综合使用多种表现技法，使画面色彩效果更丰富、更厚重。

4. 彩铅画的笔触与质感

彩色铅笔与水彩或油彩相比，更受材质及混色变化的限制。因此，彩色铅笔的笔触是创作表现的重要因素。

柔和的笔触质感：

稍微倾斜画笔，轻轻地用排线方式画出柔和的物体，展现出彩铅最明显的特点。柔和的笔触是彩铅画中最常用的笔触，下笔均匀轻松，笔触末端要有渐变，这样可以更好地叠色（图3-95）。

图3-95　佚名作品

粗糙的笔触质感：

有些物体的质感并不能完全通过柔和的笔触来表现，这时可用粗糙的笔触快速简单地表现出来。

随意不规则的弯曲线条在井然有序的画面中更具活力，适于表现毛衣、毛毡等质感。

用短线条组合的不规则排列可增加画面的粗糙纹理，适合表现岩石等表面。

明确的交叉线条可以绘制出特殊的纹理效果,适合表现布纹。

用锐利的铅笔尖在色块上画出痕迹,可使物体产生粗糙的质感(图3-96)。

图3-96　佚名作品

毛茸茸的笔触质感:

动物的毛发、毛衣、毛绒物品等可以用特殊的毛茸笔触表现。成簇的短线条排列适合运用在毛发较短的动物身上。用柔顺的线条绘制毛发柔和的物体,会使画面看起来松软柔和。

用毛绒质感的笔触绘制毛发时一定要注意笔触的方向,顺着毛发的生长方向参差层叠地排线才能画出自然柔顺的毛发(图3-97)。

四、彩铅画作画过程

以奇异的花为例(图3-98—图3-101):

(1)线稿绘制:用平滑的线条画出花朵的外形以及花瓣的遮挡关系,再画出叶片和茎。

(2)铺上一层底色,注意笔触要和花瓣、叶子的生

图3-97　Yvonne Gilbert《插画》

长方向保持一致,形成花瓣和叶子上的纹理。

(3)刻画细节,注意合理运用各种技法表现花瓣和叶子的质感。

(4)整体调整,完成画面。

图 3-98　步骤1　线稿绘制　　图 3-99　步骤2　铺上底色　　图 3-100　步骤3　刻画细节　　图 3-101　步骤4　整体调整
王春子《灯笼花》

五、作品赏析

英国彩色铅笔绘画大师吉尔伯特(Yvonne Gilbert)为英国和美国的出版业提供作品,她也从事书籍装帧、海报邮票等平面设计类工作。她设计的邮票华丽唯美,被评为世界上最美的邮票。她把彩色铅笔在绘画上的应用发挥到了极致(图 3-102、图 3-103)。

图 3-102　吉尔伯特《邮票》

图 3-103　吉尔伯特《插画》

六、学生作业

可以选择自己喜欢的彩铅作品临摹，旨在感受彩铅的基本技法和材质效果，也可以进行写生训练，以及常规的静物、风景、动物、人物和转换画种之间的尝试训练，还可以间接利用刮画形式，感受另一种比较强烈的彩铅效果（图 3-104—图 3-108）。

图 3-104　凌燕兰作品　　　图 3-105　谢安滢作品

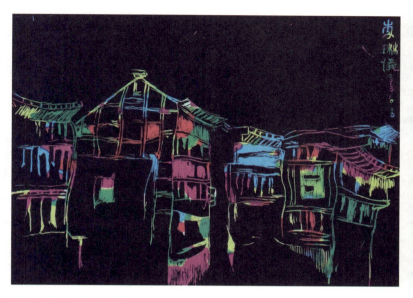
图 3-106　李琳仪作品

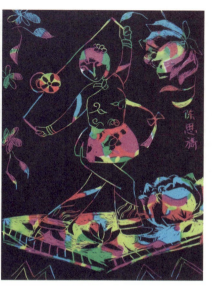
图 3-107　陈思漪作品

图 3-108　高吉彦伊作品

第六节 油画

一、油画概述

油画是用快干性的植物油（亚麻仁油、罂粟油、核桃油等）调和颜料，在画布（亚麻布、纸板或木板）上进行创作的一个画种。作画时使用的稀释剂为挥发性的松节油和干性的亚麻仁油等。画面所附着的颜料有较强的硬度，当画面干燥后，能长期保持光泽。凭借颜料的遮盖力和透明性能较充分地表现描绘对象，色彩丰富，立体质感强。油画是西方绘画的主要画种之一。

油画起源于15世纪以前欧洲绘画中的蛋彩画，后经尼德兰画家扬·凡·艾克对绘画材料等加以改良后发扬光大。后人因扬·凡·艾克对油画艺术技巧的纵深发展做出的独特贡献，誉其为"油画之父"（图3-109）。

图3-109 扬·凡·艾克《阿尔诺芬尼夫妇像》

油画是西方绘画史中的主体绘画方式，存世的西方绘画作品主要以油画作品为主。随着时间的推移，油画逐渐生活化，其中最著名的就是《蒙娜丽莎》，其表现的是一个普通妇女，作品广为流传（图3-110）。19世纪后期，由于科技发展，许多新材料应用于油画领域，如丙烯颜料、油漆等。

图3-110　达·芬奇《蒙娜丽莎》

二、油画的材料工具

油画的主要材料和工具有颜料、松节油、画笔、画刀、画布、上光油、外框等（图3-111）。

图3-111　油画工具材料

1. 颜料

油画颜料分矿物质和化学合成两大类。颜料的性能与其所含的化学成分有关，调色时，颜料间会产生化学反应，掌握颜料的性能有助于充分发挥油画技巧并使作品色彩经久不变。

2. 松节油

松节油是一种挥发性医用油。在油画的调色中起稀释颜料的作用。一两分钟即可完全挥发，干后无光泽。将松节油和调色油按照一定比例混合使用，干得较快，色彩也比较亮。

3. 画笔

画笔用弹性适中的动物毛制成，如猪鬃。形状有尖锋圆形、平锋扁平形、短锋扁平形及扇形等种类。

4. 画刀

画刀又称调色刀，用富有弹性的薄钢片制成，有尖状、圆状之分，用于在调色板上调匀颜料。不少画家会以刀代笔，直接用刀作画或在画布上形成颜料层面、肌理，增加表现力。

5. 画布

标准的画布，是将亚麻布或帆布紧绷在木质内框上后，用胶或油与白粉掺和并涂刷在布的表面制作而成。一般做成不吸油又具有一定布纹效果的底子，或根据创作需要做成半吸油或完全吸油的底子。布纹的粗细根据画幅的大小或作画效果的需要选择。有的画家使用涂过底色的画布，这样容易形成统一的画面色调，作画时还可不经意地露出底色。经过涂底制作后，不吸油的木板或硬纸板也可以代替画布。

6. 上光油

通常在油画完成并干透后可涂上光油，以保持画面的光泽度，防止空气侵蚀和积垢。

7. 外框

完整的油画作品应包括外框，尤其是写实性较强的油画，外框形成观者对作品视域的界限，使画面显得完整、集中，画中的物象在观者的感觉中朝纵深发展。画框的厚薄、大小依作品内容而定。古典油画的外框多用木料、石膏制成，近现代油画的外框较多用铝合金等金属材料制成。

三、油画的用笔技巧

1. 挫

挫是用油画笔的根部落笔着色的方法，按下笔后稍作挫动然后提起，苍劲结实。笔尖与笔根蘸取颜色的差异、按笔的轻重和方向的不同能产生多种变化和趣味（图 3-112）。

图 3-112 挫　　　　　　　图 3-113 揉

2. 揉

揉是指把画面上两种或几种不同的颜色用笔直接揉和的方法。颜色揉和后可产生自然的混合变化，获得微妙而鲜明的色彩及明暗对比，起到过渡衔接的作用（图 3-113）。

3. 勾

用笔勾画线条，油画勾线一般用软毫笔的尖头，但在不同的风格中，圆头笔、扁笔也可勾画出浑厚线条（图 3-114）。马蒂斯、凡高、毕加索、米罗和克利等都是用线的高手。

图 3-114 勾　　　　　　　图 3-115 扫

4. 扫

扫常用来衔接两个邻接的色块，使之不过于生硬，趁颜色未干时用干净的扇形笔轻扫即可，也可在底色上用笔轻扫另一种颜色而产生上下交错、松动而不腻的色彩效果（图3-115）。

5. 擦

擦是把画笔横卧，用画笔的腹部在画面上摩擦，擦时通常用较少的颜色大面积进行，以形成不明显的笔触，这也是铺底层色的常用方法。在干了的底色或起伏的肌理上用擦的笔法可画出类似国画飞白的效果，使底层肌理更为明显（图3-116）。

图 3-116　擦

6. 刮

刮的方法是用刀刃刮去画面上画得不理想的部分，也可用刀刮去不必要的细节或减弱过强的关系，让显得紧张的画面关系松弛下来，还可在未干的颜色层上用刀刮，使之露出底色从而显现各种肌理（图3-117）。

图 3-117　刮

7. 涂

涂的方法有平涂、厚涂、堆涂和薄涂等。平涂是画大面积色块的主要方法，均匀的平涂也是装饰性油画的常用技法。厚涂则是油画区别于其他画种用笔的主要特征之一，可以使颜料产生一定的厚度并留下明显的笔触而形成肌理。用画刀把极厚的颜料刮到或直接将颜料挤到画布上，可称为堆涂。薄涂是用油将颜色稀释后薄薄地涂上画面，可产生透明或半透明的效果（图3-118）。

图3-118 涂

8. 摆

用笔将颜料直接放在画布上不作更多的改动称摆，摆也是油画基本的笔法之一。摆的方法常用在油画开始和结束时，以较肯定的颜色和准确的笔触来寻找色彩与形体的关系（图3-119）。

图3-119 摆

四、油画的表现技法

1. 多层次着色法

多层次着色法即作画时先用单色画出形体大貌，然后用颜色多层次塑造，暗部往往画得较薄，中间调子和亮部则层层厚涂，或盖或留，形成色块对比。由于厚薄不一，可显出色彩的丰富韵意与肌理（图3-120）。

图3-120　提香《酒神巴库斯和阿利亚娜》

荷兰画家伦勃朗把画中的光感作为表现人的精神状态的一种手段，他所作的人物肖像中，人物都处在大块暗部的笼罩中，唯表现神情的脸、手等重要部分显出鲜明的亮度。他运用沉着的颜色在暗部多层薄涂，使暗部显得深邃，亮部则用厚涂和画刀堆色法，形成厚重的体量感（图3-121）。

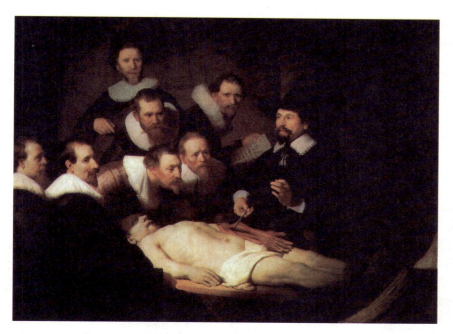

图 3-121　伦勃朗《杜尔普教授的解剖学课》

2. 直接画法

直接画法即在画布上作出物象形体轮廓后,凭借对物象的色彩感觉或对画面色彩的构思铺设颜色,基本上一次画完,不正确的部位用画刀刮去后继续上色调整。这种画法中每笔所蘸的颜料均比较浓厚,色彩饱和度高,笔触也较清晰,易于表达作画时的生动感受(图 3-122)。

图 3-122　莫奈《卢昂大教堂》

3. 版画法（转印法）

这个技法结合了油画和版画两个画种。首先，在一块玻璃或是胶片上绘画，然后覆上纸，用滚筒在纸面上滚动，或者用手轻擦，再把纸小心地揭下来，纸上会出现原来绘制图像的一个"转印"，等颜料干了之后，还可以用颜料或者油画棒进行再加工（图3-123、图3-124）。

图3-123　安格·哈克特《春天的景物》

图3-124　顾珈瑞作品

4. 点彩法

这是用色点进行绘画的一种方法，使色点紧密排列但不重叠。它从印象派色彩分割的理念中演变而来，后来发展成以乔治·修拉为代表的新印象主义，也叫点彩派（图3-125）。

图3-125　修拉《大碗岛的星期天下午》

5. 抽象拼贴画

美术史上第一次用油画来做抽象拼贴画的大师是毕加索，他在画布上粘了一条油布来表现一把藤椅。立体主义画家继承并发展了这一新的理念，为了增强作品的存在感，把报纸、邮票、信封、戏票和墙纸贴到他们的画面上（图3-126）。

可以用胶水将选定的材料固定在画布或板子上，也可以把厚颜料当作黏合剂，把沙子、石子、木屑这些材料粘压在画上。几乎所有东西都可以添加到作品上，用来制造特殊的肌理。

芭芭拉·瑞伊的《卡皮里尔的屋顶》，其丰富的画面色彩是由光滑与褶皱相互重叠的纸构成的。烟囱的形状是用纸剪出来的，锐利的边缘与画面上其他柔和的边缘形成鲜明对比（图3-127）。

图3-126　毕加索《吉他》

图3-127　芭芭拉·瑞伊《卡皮里尔的屋顶》

五、油画的作画过程

以直接画法为例，进行油画静物花卉创作。

1. 起稿

用铅笔或木炭条画出大致基本形，构图力求均衡，比例得当，主题突出，变化统一，然后用单色（赭石等）复勾轮廓，并画出简单的明暗关系（图3-128）。

图3-128 起稿

图3-129 画大关系

2. 画大关系

从画面的暗部和重色部分开始铺色，然后画中间色，最后画明部和亮部，运用比较观察法，明确黑白灰大关系，侧重画面整体的冷暖、色相和鲜灰差异。不可拘泥于细节，落笔要大胆肯定，画面整体关系要得当（图3-129）。

3. 深入刻画

在第二步的基础上，从画面中的主体物开始进行局部刻画，尽可能达到完整效果。在局部深入过程中，运用比较观察法，照应画面的整体关系，有主次、虚实（图3-130）。

图 3-130　深入刻画　　　　　　　　　　图 3-131　整体调整　王春子《瓶花》

4. 整体调整

深入刻画完成后，从整体出发进行必要的调整，使画面和谐统一（图 3-131）。

六、作品赏析

选取典型时期典型画家的典型作品作为常识性欣赏。

1. 印象主义绘画（图3-132）

图3-132　莫奈《日出·印象》

（19世纪，印象派的画家们走出了自己的画室，去探索自然界中光与色的瞬间变化，打破了传统观念上固有色的概念，如树是蓝绿色，阴影是黑色的。画家们把周围的环境色对固有色的影响进行了客观的绘制。其代表画家有马奈、莫奈、雷诺阿等。）

2. 后印象主义绘画（图3-133）

后印象主义画家强调表现自我感受，注重色彩的对比和事物的内在结构，其代表画家有凡·高、高更等。这个画派对现代西方绘画产生了深远影响。

图3-133　凡·高《向日葵》

（凡·高以短促的笔触描绘向日葵的黄色，每朵花如燃烧的火焰一般，细碎的花瓣和葵叶像火苗一样布满画面，显示出画家狂热的生命激情。《向日葵》中注入了凡·高心中强烈的感情，他把心中全部的爱都赋予了向日葵，令人震撼，令人感动，这就是《向日葵》的魅力。他擅长使用强烈的色调，充分发挥色彩的感情因素，使色彩成为他表达思想感情的重要手段，这便是凡·高绘画的艺术特色。）

3. 野兽派绘画（图3-134）

野兽派以夸张的造型、强烈的色彩、粗犷的线条表达内在激情，马蒂斯是这一画派的创始人。

图3-134 马蒂斯《红色的和谐》

（该作品中马蒂斯运用装饰性的手法，桌面上的蓝色花纹延伸到墙面，也和窗外的树和植物形成一种形上的呼应，室内大面积的红色和窗外小的红色的点呼应，画面关系和谐，像诗歌和音乐一样，给人舒服、安乐的感觉。此画色彩明艳、响亮、和谐。）

七、学生作业

（1）针对性地学习大师作品，可从静物、风景、人物不同题材中选取，也可以选取适合初学者直接临摹借鉴的不同风格流派的作品，使学生感受油画基本材料、画法的同时，也学习大师的处理画面的手法（图3-135、图3-136）。

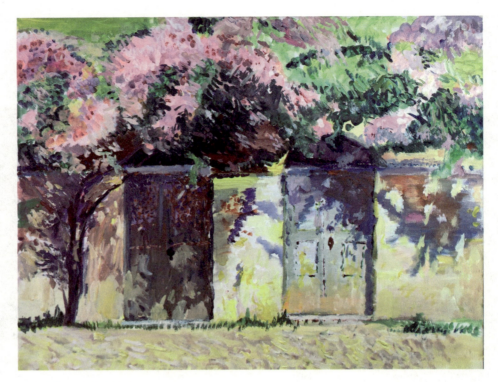

图 3-135　李鸥宇作品

图 3-136　李宸晔作品

（2）在具有一定感受的基础上，可以根据感兴趣的图片进行自我写生、创作训练，增强自我表达和表现意识（图 3-137、图 3-138）。

图 3-137　朱柯依作品

图 3-138　王欣作品

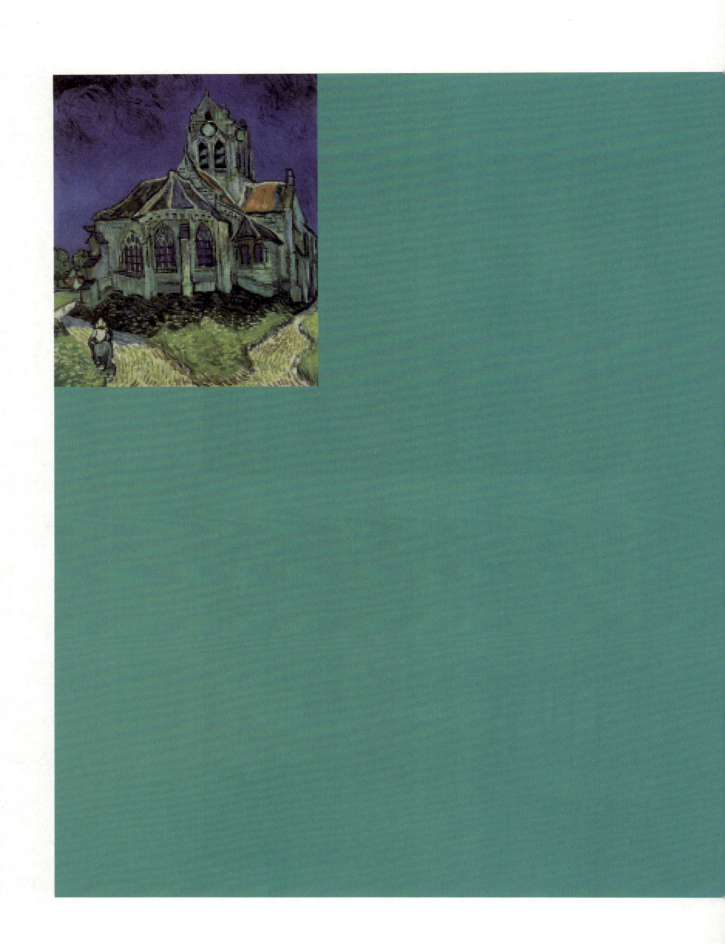

第四章 色彩的调配、分析和组合

熟悉运用不同色彩工具以及不同的使用方法，利用颜料为调配载体，并且以所选颜料的种类为根本，颜色的混合才会协调而均衡。因为色彩的准确度和调配方法的掌握程度密切相关，只有熟练掌握色彩调配、分析、组合后，色彩的选择和混合才更为准确。

第一节　色彩的调配

色彩的调配是在提取原有色彩基础上重构（利用）新的物象，将原物象美的、新鲜的色彩元素调配组合并注入新的结构体、新的环境中，从而形成色彩的新生命。

一、如何调配颜色

1. 色彩的混合

一般来说，色彩的混合方式有三种，第一种是持续不断地按一定比例混合两至三种颜色，直到获得一种较为单一的新色；第二种方式是在画纸或画布上直接地不完全地混合两种颜色（一般这种方式针对一些较为结实或厚实的画纸或者画布，例如耐磨性卡纸、油画布等）；第三种方式适用于利用一些媒介剂对画面进行渲染或稀释以及变色等，从而形成新的颜色（一般在水彩画中用得比较广泛）。

通常学生会有一个共同的问题：调配的单一色好用还是直接从颜料管里挤出来的颜色更好用？答案是，必须从这个颜色使用的目的考虑，也就是说，所需颜色的强度和饱和度是判断的标准。前几章说过，物理混合后的两种颜色会降低其色调和纯度。因此，从另一个角度来说，颜料管里新挤出来的颜色确实比混合后的颜色更加鲜艳。但是并不能因此简单地只用颜料管里的颜色进行创作，因为混合出来的颜色与周围颜色的和谐程度更高。同时，只有调配出来的颜色才能够使整个画面和谐。

2. 量控

为了获得想要的颜色，所有混合颜色的比例都必须精准。仅仅改变任何一方颜色的比例，配色出来的结果就会有很大色差。所以，在调配一种新的所需颜色前，必须整体预估所需颜色的量，等于或多于所需颜色，就会出现极大色差。

3. 绘画工具的选择

通常学生会选择水粉笔或毛笔进行上色，这些工具吸色饱满，上色均匀，一支笔上储存颜料的量相对较多，这也是减少同幅画面产生色差的较好的工具。同时，水粉笔或毛笔能大块面地铺色，可使画面更整体、均匀、平整。

如果利用一些特殊工具进行创意型创作，例如棉签棒绘画、手指绘画等，画面会形成不规则、破碎且不断变化的一种随机效果，这种条状肌理将因为创作工具的拖动而更具效果，整个条状肌理将在视线融合后自动合成一团，使得整幅作品和谐而有律动。

4. 色彩的调配方法

色彩的调配方法有：整体色按比例调配，整体色不按比例调配，部分调配，形、色同时调配，色彩情调的调配。

（1）整体色按比例调配。

将原有色彩按色彩比例完整汲取下来，汲取几种典型的、占较大比例的代表性色彩，按照原有色彩的色块比例做出色标卡，并对一幅新作品进行按比例注色，从而形成新的艺术作品，即整体色按比例调配的方法。

（2）整体不按比例调配。

由于不受原比例配色的限制，运用整体不按比例调配方法可进行多种色彩的调配，但调配的最终结果依然要保留原配色关系。

（3）部分调配。

部分调配是从色彩中任意选择所需颜色，可以是一种也可以是多种，使之形成灵活的、自由的新作品，而原物象只是给我们一种色彩启示，不受原配色关系的束缚。

（4）形、色同时调配。

在调配颜色过程中，与原物象的形同时进行考虑，更能充分显示其美的实质。许多物象色的表现是建立在特定形和形式之上的，尤其是自然界的色彩。原物象的形与色能给整体画面带来和谐之感。

（5）色彩情调的调配。

色彩情调的调配是根据色彩的感情、色彩的风格作"神似"的调配，调配后的色彩关系与原物象较为接近或有所出入，但原物象的色彩情趣、意境方向不变。此方法需要创作者深刻理解原物象的本质及色彩情绪，从而不失去新创作的画面感染力和共鸣。

5. 大师的色彩调配和艺术表达

罗斯科

罗斯科通过注重精神内涵的表达，在细致地观察自然、理解自然后，力图通过极少部分的色彩及简单的色块来反映深刻的象征意义。他说："在对自然观察后，通过结合色彩与形式的关系，表达人的基本情绪，悲剧的、狂喜的、毁灭的等。通过这种方式，观察者们能在我的画面前悲极而泣，能在我画前落泪的人就会和我在作画时具有同样的体验。"

通过罗斯科的绘画体会，我们不难看出，通过对自然界的观察，汲取色彩，按照一定比例构成新的艺术作品，与此同时给人一种新的心理感受以及精神体会，这是艺术调配的目的及核心。

谈及罗斯科的作品，大部分人都会被这简单抽象的色彩画吸引，有些画热烈奔放，有些画淡然幽静，但是人们总能从他的画里得到片刻的宁静。这种汲取色块后进行的再创作，不仅仅追求了视觉上的美感，更多的是拓展了精神领域，就像人的生命一样，美妙绝伦，更像无限的宇宙一样，神秘莫测，让人充满遐想。

图4-1这幅《橙、红、黄》作品的色彩调配让人有这样的画面感：在空旷的大厅里，一个孩子站在巨幅的《橙、红、黄》作品面前仰望凝视。充满着力量和火红色火焰熊熊燃烧的画面却被周围的暗红色所包围，此时的孩子似乎是在追逐着火红的日出；或是另一个画面：一个白发苍苍年迈的老人静坐在罗斯科画面前，他似乎是想透过这黑夜般的色域抵达神秘的彼岸，进行一次新的生命洗礼。

图4-2《蓝色中的白色和绿色》是罗斯科的代表作。绿色和白色的矩形排列在蓝色的底板上，绿色和白色没有被明显地界定，颜色也互相渗透、融合，使得块面仿佛从背景中浮现出来，不断地徘徊。深绿色有一种神秘

图 4-1　罗斯科《橙、红、黄》

莫测的使命感，似乎显现出一种隐秘感，并且透着悲剧性的色彩。白色的点缀是点睛之笔，让人看到了希望，带领人们向前迈进。

图 4-2　罗斯科《蓝色中的白色和绿色》

高更

　　高更谦虚地称自己是一位"业余画家"，因为太喜欢绘画，35 岁的他放弃了家中的一切，将自己沉浸在艺术创作中。高更的画风接近印象派，印象派画家在细致观察过大自然和现实生活后，将很短的瞬间、还未变化的短暂光线记录于画面上。后期，他逐渐开始从印象派慢慢演变成借用新表现主义语言进行创作，成为有独特个人风格的艺术家。也是从那时候开始，他便毫无节制地使用颜色，并逐步形成了个人风格，以纯粹、鲜艳夺目的形式创作作品。

图 4-3 这组洋葱和蔓菁的混合静物不禁让人联想起塞尚（高更最崇拜的艺术家）的作品。高更用这种方式为他所表达的静物构造了一个充满体积感的画面，他专注于减少外轮廓的阴影面的手法，创作时几乎很少调和颜料盘上的颜色。同时，他用极清晰的笔触和独特的蓝色线条装点整个画面，使得整幅画面与蓝色线条有一种视觉上的对比效果。

图 4-3　高更《有香葱和日本画的一组静物》

图 4-4 呈现出不同年龄、不同性别的裸体人物像，图中右下角有一个婴儿在沉睡，象征着人类的诞生；中间有一个作者故意破坏透视而画出的蹲伏着的巨人把一只手臂伸向天空，象征着人类的蓬勃发展；最左边一个

图 4-4　高更《我们从哪里来？我们是谁？我们往哪里去？》

不起眼的老妇人，预示着生命的终结。高更通过这幅绘画，形象地表达了具有哲理的人生轨迹，这也是《福音书》的绘画表达方式。观察这幅画，能看到很多令人迷惑的形象，也能感受到一种神秘莫测的精神魅力，整个画面透露出一种深刻的哲理内涵，令人思考。

莫奈

莫奈是法国印象派的代表人物和创始人之一。他早期通过了解特纳的作品，开始相信光线与空气配合的神奇效果比一幅画的题材更重要，所以莫奈最擅长利用自然界中的光与影来进行色彩表达，他所有的绘画都来自真实的自然界，他可以在同一处场景中画出几十种不同色调的风景，同时在同一种场景中表达不同的天气、光线，这是其他画家很难做到的。19世纪光学研究的突破，使物理研究学家发现，物体通过吸收和反射不同的光线会呈现出不同的色彩，这些物理方式的色彩研究，对之后的绘画艺术向印象派发展有很大的启发。

鲁昂大教堂是法国鲁昂一座大型的哥特式教堂，19世纪的法国鲁昂已经实现了工业化，港口呈现出一派欣欣向荣的蓬勃生机，莫奈在这座教堂的对面一家店作画，他经常从两个不同的角度创作，最多时候同时创作了14幅画，随着光线和时间的转换而不停地奔波于各幅画之间，他试图去把握各幅画的色调及明暗变化。通过这些画他向我们展示了同一种场景在自然界不同光线、不同时间中，所呈现出来的完全不同的色彩效果。仔细看图4-5中的第三张图，稍稍从侧面看去，画中黄色和浅玫瑰色已随着侵入其基础部分的巨大蓝色暗影而模糊了；而在正中的三角楣顶端，阳光和暗影却异常分明；珊瑚红的笔触在门框外呈现出曲折状，突出的每个空隙的鲜红色和橙色使整个建筑都显得格外生动。这四幅画似乎是一首对古老教堂的绝唱，而这座教堂本身则是自然之力和人类创造之间的一次巧遇。

《睡莲》系列是莫奈晚年的作品，由于妻子的离世给他造成了沉重打击，紧接着他患了白内障及风湿病，不能正常地在画架前作画，他便在家里客厅的墙壁上用绑着长杆子的油画笔来绘制睡莲。他忍受着病痛，开始

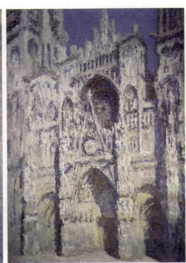

图 4-5　莫奈《鲁昂大教堂》

了与生命的斗争，他以极大的毅力以及对自然色彩的敏锐观察力，完成了无数幅的睡莲作品。虽然不像当年画风那样严谨，但是《睡莲》系列作品是他对自然界水光花影斑驳闪耀的表现，对色彩的诠释丝毫不减当年，色彩表达得更是游刃有余，灵巧、舒展、空灵（图4-6）。

图 4-6　莫奈《睡莲》

60多岁的莫奈白内障越来越严重,但是他始终不肯放下画笔,只能凭借颜料管上的标签号码来确定颜色,并凭借以往对色彩的印象画自然界。他把生命融入了艺术,画中的一切都有了生命,这些睡莲作品是莫奈经过提炼过后的大自然的呈现,这些绘画中含有内在的美,精练、深邃,是造型和理想的美。

二、学生作业

根据欣赏大师作品的感受,选择某一大师作品进行变调调配训练,旨在训练整体把握和调配色彩的能力(图4-7—图4-9)。

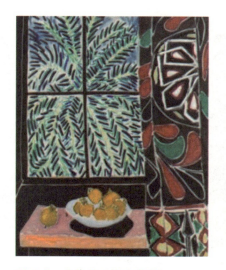

图4-7 马蒂斯《埃及窗帘》

图4-8 杨韵涵变换马蒂斯作品

图4-9 周韵珊变换马蒂斯作品

| 色彩 | Colour

第二节　色彩的分析

一、色域

应用在画作中的全部颜色组合被称为色域，美妙的色彩的产生并不是简单地将一定数量的颜色堆砌到画面中，而是提炼并取舍颜色。色域匹配时色轮上方标记出图形区域，可用来描述或定义配色方案的范围与局限。色域图可以精确表示出何种颜色在内，何种颜色在外，并且多数以几何形状出现在色域图中。色域图的出现将我们脑海中固化的三原色红、黄、蓝宏观化。三原色只是一个相对概念，没有绝对意义的红、黄、蓝。

三原色组合色域中的间色、纯度都比不过起始色。换句话说，三角形三个角越向边缘延伸，颜色越接近纯色，反而言之，越靠近中心点纯度越低，越偏向中性色，颜色越灰。这种中间色彩度降低的现象，叫作间色的饱和度消退现象。

图 4-10 是一张以五个色块（红、绿、蓝和两种粉色为主）填充的人物画，克利姆特除了用粉色填充以外，其余的色块都装饰着小花和东方绘画图案。图中的配色方案相当简单，三角形色域以红绿补色为主色调，数字遮罩（蒙版）在 Photoshop 中建立，模拟出的遮罩层从色轮的半透明涂层中透出，从三角区域可以看出，全部的原色并不一定刚好出现在色轮的外轮廓上，这是因为所有的原色并不一定以最强烈的形式出现。遮罩是个有用的工具，不但可以用来描述已存在的配色方案，也可以创建新的配色方案。它可以让你自由地选择恰当的颜色，并迫使你慎用色域之外的颜色。色彩的运用并不是简单的颜色堆砌，而是有规律的、遵循一定原则的颜色分布（图 4-11）。

图 4-10 中，与所有的鲜艳繁杂色彩形成对比的是阿德勒素色的罩裙和帽子，一条蓝紫色的缎带横贯其中，

图 4-10　克利姆特《阿德勒·布洛赫》

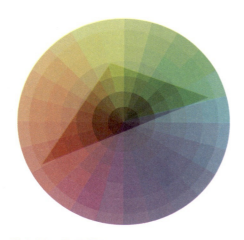

图 4-11　色域图 1

帽子是较深的蓝紫色，是色轮中三角区域正中间位置的最低纯度的颜色，所有画面中的颜色都从属于三角形区域。

图 4-12 是雷诺阿作品中比较有名的一幅风景画，擅长印象主义绘画风格的他运用一些鲜艳的颜色和细致的笔触，使整幅作品散发出一种令人愉快的颤动的光感。这种手法不仅能充分发挥光的效果，而且能敏锐地表现出他所描绘的对象。这幅作品表现了一个花园的场景，雷诺阿通过远近景的描绘，在空间关系的表达上给人一种非常舒适的感觉。在颜色和绘画技巧上，他注重用清晰的小笔触来展现光色的变化，着重表现远近景的对比，以及光影下花卉色彩的灵动感，以产生强烈的视觉印象。

图 4-12　雷诺阿《人物风景》

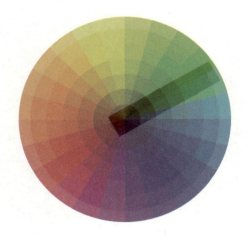

图 4-13 色域图 2

图 4-13 的配色方案不同于三角形区域,而是以矩形图案出现在色域中,因为色域图可以精确表示出何种颜色在内、何种颜色在外,除了简单的三角形选区以外还有其他几何形状出现在色域图中。图 4-13 中出现了大量的冷色调,如蓝色、绿色,它们大部分集中在矩形的右侧区域,同时出现了一些暗红色调的点缀,少量聚集在左边灰度比较大的区域,所有画面中的颜色都集中在所选矩形的范围内。

二、如何汲取自然界的色彩进行创作

1. 如何取色

一般来说,我们通过汲取自然界的颜色为主要取色方式,利用色彩调配的五种方法是:整体色按比例调配,整体色不按比例调配,部分调配,形、色同时调配,色彩情调的调配,从国内外大师作品中寻找色彩规律进行艺术绘制及创作。

我们可以就图 4-14 这幅自然界的风景照片来学习如何取色,无论利用色彩调配五种方法的哪一种,都需

图 4-14 风景摄影(自然汲取)

要经过取色这一个环节。首先，在画面中寻找块面比较大的主色调，并根据新画面的比例进行量控，可以调配的颜色多一些以免用完后再调配出现色差，取色时通过画面颜色出现的比例进行一次排序；其次，不要忘记画面中点睛之笔的色彩，寻找两到三种，通常这类颜色使用比例较少，在量控的时候注意调配少量即可。

图4-15是出自文艺复兴三杰之一的天才画家拉斐尔的名画《椅中圣母》，拉斐尔的作品充分体现出安宁、和谐、对称以及完美恬静的秩序，在当时，他的风格被称为一种"秀美"风格，并延续了四百年之久，被后世古典主义者评价为不可企及的典范。这幅圣母像特别着眼于圣母的目光，深情、温柔又不失坚定，从这双眼睛中能窥视到她的灵魂。这幅画从圆形外框到人物的组合、体态、皱褶、衣着都以长短不等的曲线构成，整个画面给观赏者以丰满、柔润之美感。在画中，圣母身披红色上衣，旁边有一袭蓝色斗篷，身边的小耶稣身着黄色上衣，整体形成了和谐的三原色，构成了一种柔和、圆润、饱满的调和之美。画家将传统的宗教题材描绘成现实生活中的美，体现了一种人文主义精神。圣母像是拉斐尔理想化的表达，是他艺术的精神所在。

图4-15　拉斐尔《椅中圣母》（名作汲取）

学生作业

利用上述取色方法，选取某一图片，按照一定比例画出色标，再运用到新的画面中（图4-16—图4-19）。

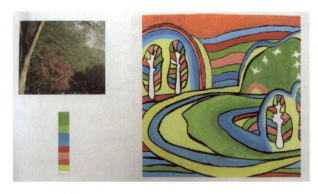

图4-16　戴妮作品

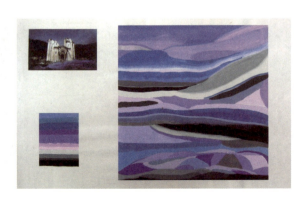

图4-17　顾鹭佳作品

图 4-18 钱梦娅作品

图 4-19 张婷作品

2. 如何进行简单的创作

最适合学生上手的莫过于乔治·莫兰迪的绘画，他以微观世界作为主要表现对象，以一些简单的杯子、瓶子、罐子、盒子为主要创作素材，把瓶子置于单纯的背景之中，让人们去留意一些不起眼的、容易被忽略的微观世界，以小见大，平中见奇。这种平静的画面给人一种高雅、清新的真诚感。莫兰迪通过合理使用颜色凸显画面氛围。色彩的运用与画家的心态息息相关，色彩的合理运用能够制造空间的远近感和物象的立体感。莫兰迪的色彩受到文艺复兴早期壁画色彩的影响，他重视物象本来的固有色，并通过色彩的冷暖以及色彩的纯度和明度来进行创作。莫兰迪在其后期作品中主要使用色调较暖并且颜色相近的几种固有色，并且将黑、白与这几种固有色进行一定比例的混合，创造出独具一格的画作。这使他作品中的主色调具有历史沉淀后的悠久感。

图 4-20 是莫兰迪的静物画，第二排色块汲取了原图中的主要色调，颜色变化很微妙甚至非常接近，我们称之为"高级灰"，格调高雅静穆，似乎有一种超越尘世的淡泊之意。再看第一排色块，把物象颜色回归到纯度相对较高的原色，画家汲取原色后，加上了白灰色进行颜色的交融，形成了具有莫兰迪特色的静物画。这种取消了空间感和静物质感的写实形态，在欣赏作品时会让人体会到一种单纯感，这种单纯感来自画家观察和表现对象时平静超逸的品格，这也正是画家内心世界的色相。横向看莫兰迪的配色，不存在空间引起的主次关系，每一色块在空间中的地位都是平等的，他不用色彩饱和度高的鲜亮颜色，画面

中的灰色、米白色、粉橘色、土黄色、灰绿色，每个颜色都好像画在潮湿的、石灰打底的墙上，灰而不沉。在他的画面中，每一个色块几乎都是灰淡的中间色，如果将这些色块孤立起来都毫无生气，但是经过画家的巧妙对比、组合，将其厚薄不均地安排在画面中，瞬间给人一种浑然天成的和谐感。色调上的温和与沉稳，给人一种心理上的宁静，让人感到犹如灵歌般的优雅、清纯。

图 4-20　莫兰迪《静物》

学生作业

大量浏览莫兰迪不同时期的作品，分析它们的色彩构成关系，归纳原作品中的色彩关系，提取运用在新的作品中，新作品可以是别的大师的作品也可以是莫兰迪的其他作品（图 4-21—图 4-23）。

图 4-21　莫兰迪《静物》

图 4-22 李琳怡变换夏加尔作品

图 4-23 凌稚韵变换莫兰迪作品

第三节 色彩的组合

同一幅画,不同色彩调配会呈现出不同效果。研究色彩规律首先要研究的就是色彩的组合,怎样运用恰当的色彩组合完成一幅完美的绘画,并且透露出画家的思想和情感?自然界的色彩丰富多彩,如何取舍以及如何灵活运用色彩规律?这些都是值得每一位绘画者深思的问题。

色彩的组合方式多种多样,下面简单列举一些常见的典型的色彩组合方法。

一、强对比

这个风格的代表画家有野兽派的马蒂斯和印象派后期的塞尚等人。他们对艺术虽然有不同的看法,但是同样追求色彩的强烈对比,他们和其他艺术家存在着不同的色彩观念,在作画时追求色彩的补色和对比色以加强整幅画面的对比关系。这些艺术家对现代艺术和现代设计的贡献非常大,是现代艺术的先驱者和创新者(图4-24)。

图4-24 塞尚《静物》

19世纪末被推崇为"现代艺术之父"的塞尚毕生追求油画的表现形式,对色彩、造型都有新的创造和认识,他的油画个性鲜明、稳重简朴,创造性极强,具有自己独特的风格。他认为:自然界的物体都可以概括成圆柱体、圆锥体和圆球体等几何体,自然对人类来说,不是平面的表现而是深度的表现,要重视表现自然景物的形体和结构上的关系以及色彩层次的和谐关系。线是不存在的,明暗也不存在,只存在色彩之间的对比,物象的体积是从色调准确的相互关系中表现出来的。

他的画用色彩代替了体积,用颜色关系代替了明暗关系。他用颜色造型,而绘画很难找到准确的色彩和色彩之间的和谐关系,但塞尚突破了这一难题。

有着色彩大师之称的马蒂斯十分注重画面的色彩平衡,他说:"怎样把红色和绿色安排在一起,怎样使它们在表现上、结构上结合在一起,这是出现在我心里的一种内心要求的结果,而不是偶然产生的动机的结果。"他一直在寻找一种画面色彩相互制衡而又相互联系的和谐关系。他曾经说过,画面中的所有色彩没有哪一部分是可以单独进行修改的,因为他们是相互关联着的。看似简单随意的画面,都是马蒂斯经过严密设计的,在他的设计里,色彩是平衡的,具有强烈的个人情感,又不乏装饰意味(图4-25)。马蒂斯对每一根线条、每一个色块,甚至每一个点进行深思熟虑,运用极具个性的色彩组合使画面和谐统一,才拥有了美感和表现力量。这

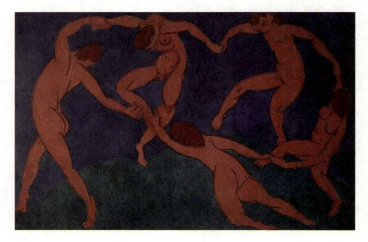

图4-25 马蒂斯《舞蹈者》

也使他的艺术生命色彩朴实、自然而纯粹，同时强烈、炙热而又令人难忘。

在马蒂斯晚年，由于疾病缠身行动不便难以从事绘画工作，他把所有精力全部放在剪纸中。他的剪纸都是在渲染彩色的纸上进行拼贴或者组合起来的，渲染的颜色以纯色为主，各种色块在整个画面中和谐而统一。他的作品一气呵成，那些大块的平涂色彩带有强烈的对比，跃动着一股生命的力量（图4-26）。

图4-26　马蒂斯《剪纸》

学生作业

选择画面对比强烈的大师作品作为学习对象，运用色彩鲜艳的纸黏土进行训练，感受强对比色彩的组合关系（图4-27—图4-30）。

图 4-27　陈菲阳变换凡·高作品

图 4-28　陈子怡变换莫奈作品

图 4-29　寿越千变换莫奈作品

图 4-30　叶烨变换莫奈作品

二、个性化

　　在艺术创作中,艺术家通过色彩表达其独特的审美体验时,通常会运用自己惯用的色彩,这也使艺术家的色彩运用具有主观性。画家以一种迅速记忆的方式将所表现的事物记录下来,并且进行内在情感在艺术表现中的释放,凸显个人的色彩语境。

　　色彩的节奏与韵律之美的表现在于艺术家的主观调度及组合。恰当地把握色彩的分寸尤为重要。

通过个性化语言进行理论层面和实践层面的再创造，实际上已经触及艺术创作的根本，然而，个性化的色彩语境的建立并非一蹴而就，需要自我反复思索与实践，这也是色彩个性化语境的创造性内涵。

野兽派风格的艺术家弗拉芒克是与马蒂斯同时期盛名的艺术家，他深受凡·高绘画的影响，与一切传统绘画进行勇敢大胆地反抗，不受自然约束，从陈旧的理论和古典主义里释放出来。他说："我画的是人性真理……"他的绘画不是追随自然，而是与自然平行。他认为画家不应该抄袭自然，而应像创造新的物种一样创造新的艺术（图4-31）。

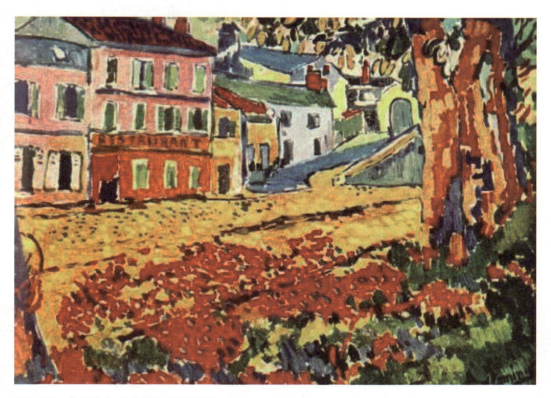

图4-31　弗拉芒克《布吉瓦尔的餐馆》

卡特林是一位著名画家，他创造出另一种世界，宽广而开阔的空间是他对理念中和谐之境的追求。他运用个性化并且强有力的色彩语言来揭示物象本质，以此来达到和谐完美的生活境界。诚然，绘画和文学存在着某种联系，撇开各种表现手段不谈，两者都受激情的支配。站在一幅作品前，观者能感受到一股激情的震荡力，正如一首诗唤起了心中的情感（图4-32）。

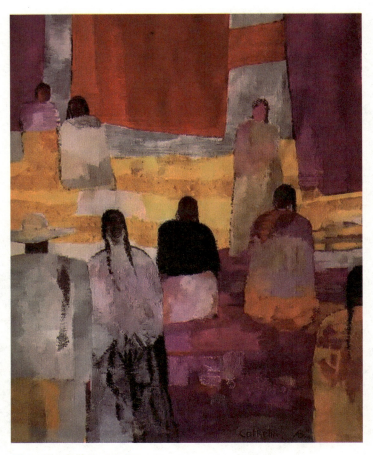

图 4-32　卡特林《人物》

学生作业

选择自己喜欢的大师作品，进行色彩关系的组织与调整训练（图 4-33、图 4-34）。

图 4-33　林胎变换马蒂斯作品

图 4-34　张君变换马蒂斯作品

三、表现力

色彩的表现力指的是作品中色彩本身所表现出来的感染力,包括意境、节奏、韵律、情感等因素。在色彩情感表达方面,不同颜色象征的意义也不同,红色象征着热情和活力,蓝色象征着忧郁和寒冷……因此,在利用色彩进行创作的时候,应根据作品所要表达的情感来对作品的色彩进行合理搭配。色彩的表现能力主要体现在色彩的主观性、象征性以及色彩所表达的思想情感等方面。

《奥维尔教堂》体现出凡·高对童年和青年时期的回忆。他用深蓝色表现夜空,线条粗短且呈旋涡状,同时,地面以黄绿色为主导,粗短的线条表现出"V"形的道路。凡·高并没有写实地表达教堂,而是以一贯的处理手法赋予它更加丰富的色彩和经过情感过滤的形象。图4-35中的教堂似乎如一块薄墙伫立在观者面前,

图4-35　凡·高《奥维尔教堂》

单薄而又无助,线条紧张又僵硬,屋顶上蓝紫色和橘色相互映衬,相互冲突又相互融合。透过蓝色的窗户可以直接看到对面幽蓝色的天空,表达出凡·高内心的无助与凄凉。

《麦田里的乌鸦》是凡·高最后一部作品,画面带给人强烈的死亡气息,观者会被这幅作品动荡不安的感觉所震撼,体会到画家本人悲伤、绝望的心情。画面的构图由三条岔路展开,散落在画面里的乌鸦把整个基调表现得更加寂寥。乌鸦预示着不安、灾难、死亡,乌云密布的天空让人感受到死寂般的宁静。同时画面中出现了强烈的色彩对比,黄、蓝色调的交融预示着灾难即将降临。躁动不安的笔触和跳动的水平线流露出凡·高内心的压抑、郁闷和孤独(图4-36)。

图 4-36　凡·高《麦田里的乌鸦》

学生作业

对凡·高作品进行赏析,并结合自身的感受,对作品进行改变色彩关系的训练,对色彩关系进行尝试性组合(图4-37、图4-38)。

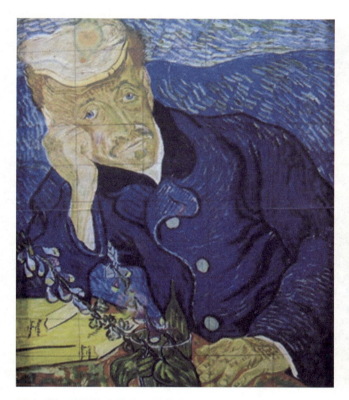

图 4-37 段雪梅变换凡·高作品

图 4-38 朱婷婷变换凡·高作品

第五章 装饰性色彩的表现

装饰性色彩指的是色彩的构成关系，是作者根据主观的情感需要，对色彩进行主观的归纳、概括、夸张、提炼、变形等而取得的色彩体系。

| 色彩 | Colour

第一节　装饰性色彩的基础知识

不同于客观的光色体系，装饰性色彩属于主观色彩体系范畴，如马蒂斯《红色的和谐》（图 5-1）和常玉《聚瑞迎香》（图 5-2）。

图 5-1　马蒂斯《红色的和谐》

图 5-2　常玉《聚瑞迎香》

人们根据色彩的物理特征，对色彩的视觉生理特性以及心理特征做出理性或感性的判断与表现，以达到自身的审美需求。

人们对色彩反应有三种特征，即物理特征、生理特征和心理特征。装饰性色彩更加倾向于心理特征的表达与表现。

一、色彩的物理特征

1. 光色原理，有光即有色

真正揭开色彩之谜的是英国科学家牛顿，他通过一个小孔将引进屋子里的阳光通过三棱镜进行分解，形成红、橙、黄、绿、青、蓝、紫七种颜色的光谱（图 5-3）。

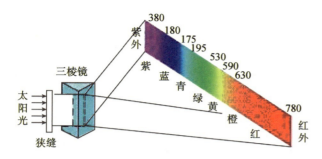

图 5-3　色彩的三棱镜阳光分解

2. 固有色、光源色、环境色

固有色：在常态下物体固有的属性颜色。如花是红的、叶子是绿的等。

光源色：物体通过一定的光源照射呈现出的不同色彩。如自然光线下清晨的阳光呈现黄橙色，白天的阳光呈现白色，傍晚的阳光呈现红橙色，夜晚的月光呈现灰紫色等。人造光不相同，不同的光线下，物体呈现出不同的色彩。

环境色：物体受环境影响而呈现出的颜色。同样一个梨放在黄色衬布上和放在紫色衬布上，暗面呈现出来的色彩关系是不同的。环境色在舞台美术中运用得更为广泛。

自然界中的任何物体都不是孤立存在的，它必然和周围的环境发生关系。

3. 色彩的体系

绘画色彩一般分为有彩色系（红、橙、黄、绿、青、蓝、紫为基本色，以及它们之间不同量的混合）和无彩色系（黑、白、灰为基本色，以及它们之间不同量的混合）两大体系。

4. 色彩的混合

加法混合也称色光混合（红、绿、蓝加光越混合越亮，最后形成白光）；减法混合也称颜料混合（红、黄、蓝相混合，越混合越暗，最后形成黑色）（图 5-4）。

5. 色彩的三要素

色彩三要素为色相、明度、纯度。

加法混合(色光混合)

减法混合(颜料混合)

图 5-4　加法混合与减法混合

二、色彩的生理特征

1. 视觉的适应

人类的眼睛有自动调节光线的本能，光线强时瞳孔自动收缩，减少进光量。光线弱时瞳孔自动放大，增大进光量，这种由眼睛生理结构形成的特殊的功能在视觉心理上称为视觉适应。可分为明暗适应、远近适应和色彩适应。

明暗适应：人们从黑暗的环境中突然来到光线强烈的地方会感觉刺眼，过一阵后才能恢复正常，这种视觉适应叫明适应，如从电影院、隧道中出来后的反应。反之，从亮的地方进入黑暗的地方，也需适应片刻，这种视觉适应叫暗适应。

远近适应：人的眼睛晶状体相当于照相机的透镜，但比透镜具有更多的优点。在一定的视觉范围内，不同距离的物体眼睛都看得清楚。

色彩适应：当人戴上有色眼镜观察外界景物时，一开始景物带有镜片的颜色，但经过一段时间后，景物逐渐恢复原来的色彩；当摘下眼镜后，又会感觉景物的颜色失真。这种视觉现象叫色彩适应。

2. 色彩的易见度

一般来说，纯度高、明度对比强烈、面积大、近处的颜色易见度高。纯度低、明度对比弱、面积小、远处的颜色易见度低。图形和底色是两个不同色相，如果太接近容易产生模糊不清的感觉。因此在组织色彩上，处理好图形和背景底色的色相、明度、纯度尤为重要。

3. 色彩的恒常性

当人们对某一物体色彩有了一定的习惯性认识时，即使光线照射改变了其色相、明度、纯度，我们还会认为它是原来的颜色。例如一个煤块在强光照射下远比白纸亮得多，但我们仍然会习惯性认为煤是黑的，纸是白的，色彩学上称这种相对主观的色彩现象为恒常性。

4. 色彩的错觉与幻觉

人们的视觉现象并非完全客观存在，由于某些生理结构的不同，在视觉中常常出现感受色彩与客观色彩不一致的现象。

在外界物体刺激停止后,视觉感并没有马上消失,这种视觉现象被称为视觉残像(图5-5)。

当人们长时间注视一个黄颜色物体时,突然把视线移到白墙上,墙上就会出现黄色的补色,即紫色残像。当眼睛受到不同色彩的刺激时,人的色彩感觉会互相排斥,结果使临近色改变原来的性质并向相反方向变化。例如一块浅蓝和一块深蓝并置时,我们会感觉到浅蓝向绿色变化,深蓝向更冷的蓝色变化。

三、色彩的心理特征

色彩的心理特征即色彩的情感特征。人们在感受某种颜色时往往会产生某种相应的心理感受,联想到生活中与之相关的具体物体或抽象的情绪、情感,如联想到春夏秋冬、酸甜苦辣、软硬刚柔、明快忧郁、兴奋沉着、华丽质朴等,引起心理上的共鸣(图5-6—图5-9)。

图5-5 视觉残像

图5-6 凡·高《向日葵》　图5-7 霍克尼《富士山和花》

图5-8 莫兰迪《静物》

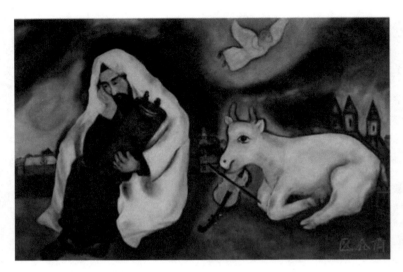

图 5-9　夏加尔《隐居》

1. 影响色彩心理的因素

地域、民族、家庭、年龄、性别、性格、成长经历、气质、爱好、血型、星座等因素都会潜移默化地影响色彩的心理感受。

2. 色彩的联想

色彩本身是中性的，人们对其产生一定的正面或负面的情绪、情感时，才产生了相应的心理联想（表5-1）。

表 5-1　色彩的联想

颜色	自然色彩联想	理想色彩联想
红色	鲜花、太阳、火焰等	热情、喜庆、危险等
黄色	柠檬、麦田、黄金等	崇高、华丽、富贵等
蓝色	蓝天、大海、月光等	平静、梦幻、深远等
橙色	橙子、金秋、哈密瓜等	温暖、收获、成熟等
绿色	树木、草、春天等	生命、青春、生长等
紫色	茄子、葡萄、薰衣草等	高贵、神秘、优雅等
黑色	夜晚、黑人、煤炭等	死亡、刚健、恐怖等
白色	婚纱、白云、白鸽等	纯洁、干净、神圣等
灰色	乌云、雾天、污染等	忧郁、沉闷、失意等

3. 色彩的心理感应

尽管不同民族、地域、社会环境、性格、年龄、文化层次、个人性格气质、心理需求有差异，但人们对外界事物却有着很多共同的感受，比如冷暖感、轻重感、软硬感、快乐与忧郁感、朴素与华丽感等。这些感受的产生都与色彩的三要素即色相、明度、纯度有密不可分的联系。

冷暖感：冷暖感和色彩的色相有直接的关系。有彩色系中青、蓝、紫为冷色系，无彩色系中白色往往是冷的，灰色是中性的，黑色是暖的（图5-10、图5-11）。

图5-10　卡特林《风景》

图5-11　卡特林《人物》

轻重感：一般来说亮色物体轻，暗色物体重；暖色的较轻，冷色的较重。色彩的轻重感与色相、明度有着重要的关系（图5-12、图5-13）。

图5-12　博纳尔《瓶中花》

图5-13　塞尚《苹果》

软硬感：色彩的软硬感一般取决于明度和纯度。明度高、纯度低的色彩有柔软感，明度低、纯度高的色彩有坚硬感。所以亮灰色有柔软感，暗黑色有坚硬感（图5-14、图5-15）。

图 5-14　莫兰迪《花卉》

图 5-15　毕加索《壶、玻璃杯和橙子》

快乐与忧郁感：情绪感受和色彩的明度和纯度有关。一般明度较高的鲜艳颜色有明快感，明度低、纯度低而浑浊的颜色有忧郁感。强对比的颜色有快乐感，弱对比的颜色有忧郁感（图5-16、图5-17）。

图 5-16　德朗《两艘驳船》

图 5-17　郁特里罗《教堂》

华丽与朴素感：色彩的华丽和朴素与色彩的纯度有关，其次与明度有关。黄、橙、红暖色系具有华丽之感，纯度低的灰暗的颜色具有朴素之感。有彩色系具有华丽之感，无彩色系具有朴素之感（图5-18、图5-19）。

图 5-18 克里姆特《吻》

图 5-19 凡·高《吃土豆的人》

第二节 装饰性色彩的基本特征

装饰性色彩产生很早，最早可以追溯到旧石器时代的洞穴壁画、岩崖石刻。如今，装饰性色彩运用在生活中的器皿、服装、公共空间等各个领域中，主要起到装饰人们的生活，给人们的生活提供美感的作用。

有别于一般绘画所用的写实性色彩，装饰性色彩属于主观色彩的范畴。它是按照一定美学的形式法则和作者的主观认知感受，对描绘对象运用装饰性手法进行绘制的过程。装饰性绘画的造型和色彩都具有独特性，更具有一定的形式感。

装饰性色彩具有以下基本特征。

一、色彩形象的固有色特征

固有色就是忽略光对色彩产生的变化，在太阳光白光的照射下，依照人们的视觉经验，对光线下的色彩进行概括，红就是红，绿就是绿。西方印象派之前的色彩和东方"随类赋彩"就偏重这种特征（图5-20）。

图 5-20　马奈《吹短笛少年》

二、色彩表现的高纯度特征

装饰性色彩追求高纯度，鲜艳的色彩更具有装饰性，例如故宫的色彩以鲜艳的红、黄等色为主。纯度和色相又有着一定的关系，在所有有彩色中，红色纯度最高，蓝绿色相对纯度较低，即便其本身未经调和。在装饰性色彩中一般使用纯度高的色彩，较少使用灰色混合（图5-21）。

图 5-21　马蒂斯《国王的悲哀》

三、色彩布局的均衡性特征

装饰性色彩的布局要符合形式美感，布局要有一定的均衡性。色彩能否给人带来一定的美感，很大程度上取决于色彩的均衡布局，比如"万绿丛中一点红"以及纯色中灰色的运用。色彩的均衡，重点在于色彩的联系和呼应（图5-22）。

四、色彩含义的象征性特征

在视觉艺术中，各种色彩都会使人产生一定的联想，特别是民间美术和实用美术色彩中象征性运用得更多。它与地域、民族、习惯、文化、情感、个性等都有关系。例如：红色使人联想到喜庆，橙色使人联想到温暖，绿色使人联想到希望等。因此，在装饰色彩的学习中，必须加强色彩含义的学习（图5-23）。

图 5-22　马蒂斯《金鱼》

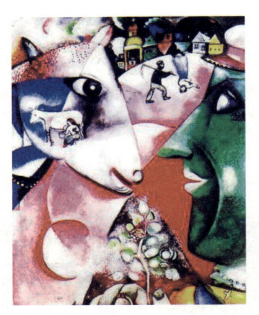

图 5-23　夏加尔《我和村庄》

五、色彩观察的移动性特征

条件色的观察体系是焦点透视，即集中于一点来观察，对上下、左右、远近空间的反应都比较清晰。装饰色彩更多的是散点透视或多点透视，不考虑实际的空间关系，不考虑近大远小的空间透视关系，可以在物体间相互并置、遮挡、叠加（图 5-24）。

图 5-24　布拉克《曼陀铃》

第三节 变形和变色的表现

一、变形

变形是装饰的一个重要表现手法。为了达到形式美的要求,自然要突出形象的主要特征。变形是整体比例、线条和几何形的归纳概括,基本包含以下几个表现方法。

1. 简洁性

简洁性是通过概括、提炼,去掉多余的部分,使画面更加简化、单纯,突出重点,给人以简洁之美(图 5-25)。

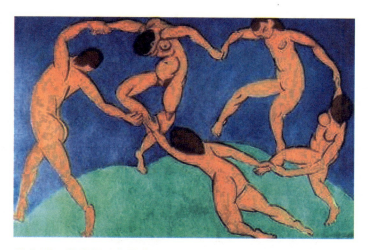

图 5-25 马蒂斯《舞蹈者》

2. 夸张性

夸张性是以夸大物体某一特征为主的一种表现手法。一般是在简化的基础上,为了进一步突出主体,对典型的特征进行夸张,使高的更高,矮的更矮,胖的更胖,瘦的更瘦,犹如哈哈镜效果。夸张分为整体夸张和局部夸张(图 5-26)。

3. 添加性

添加与简化是一对矛盾的表现手法。添加是体现装

图 5-26 克利《自画像》

饰性的一种主要表现手法，主观添加点、线、面构成装饰纹样，使表现的对象更有疏密感与装饰韵味（图5-27）。

图5-27　毕加索《曼陀铃和吉他》

4. 叠加性

叠加法是将两个以上物体重叠，其重叠部分互不遮挡并多层重叠交错，产生错觉以及透明的视觉效果，使画面具有较强的时空错位感（图5-28）。

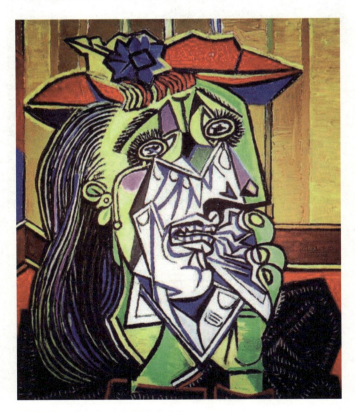

图5-28　毕加索《哭泣的女人》

5. 解构性

解构性是将画面原来的形状分解、重构，以新的方式分解出元素进行重新组合来获得崭新的形象和视觉效果。可以进行解构的包括原来形象的骨架、势态、位置、布局等因素（图 5-29）。

图 5-29　毕加索《格尔尼卡》

二、变色

1. 变色的概念

装饰画变色和变形都很重要，变色具有一定的普遍性，因此更为重要。变色的最终目的是加强画面的形式意味，体现个体感受的差异性。常见的变色有把天变成红色、把人变成蓝色或者把一些没有出现的颜色进行主观强化表现。一般的变色分为常理性变色和悖常理性变色（图 5-30）。

变色虽不受真实客观的色彩影响，但不是任意变化，而是根据装饰色彩的一些基本原理和个人感受差异进行符合美感的变色，是一种带有创新性的变化。没有变色训练，我们就难以接近装饰色彩的本质，因此装饰色彩变色训练在装饰色彩学习中尤为重要。

2. 学生作业

选取不同大师的作品，进行加强主观意识的变色训练，在逐步理解变色规律的同时，加强个体感受和表现的差异性（图 5-31—图 5-40）。

图 5-30　马蒂斯《戴帽子的女人》

| 色彩 | Colour

图 5-31　凡·高《星月夜》

学生变换凡·高作品：

图 5-32　汪丽莉作品

图 5-33　史然然作品

图 5-34　张丝翼作品

图 5-35　曹柳玲作品

图 5-36　凡·高《隆河的星夜》

学生变换凡·高作品：

图 5-37　刘诗云作品

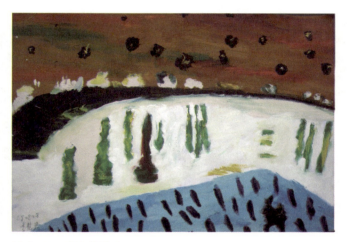

图 5-38　李慧君作品

图 5-39　张思怡作品

图 5-40　陶藏作品

第四节 装饰性色彩写生

一、装饰性色彩写生的基本原理

装饰性色彩写生区别于一般色彩写生，是对装饰色彩的造型规律和表现方法的研究，是对物体的不断概括、提炼、变形，追求形式美感的过程。主要研究形和色的构成关系，研究色彩的色相、明度、纯度、冷暖、面积、对比与调和的相互关系，比写生性色彩更具有形式感。常见的表现手法有以下几种：

1. 化复杂为单纯

减弱层次、空间、冷暖、虚实等写生色彩追求的画面要素，留下单纯的色彩，这是培养控制画面能力的重要训练。

2. 化立体为平面

平面化是装饰性的一个典型特征。平面化作为简单、直接的造型方式，是更为单纯的视觉语言和写生色彩的思维方式，和表现手法有着本质的差异。平面化的过程是运用想象力和创造力、发散思维的过程。

3. 化写生为夸张

夸张是获取形式美的重要因素之一。通过夸张增加艺术感染力，发挥作者的个性，使情感得到真实的表现。

4. 化杂乱为秩序

根据自己画面的需要，进行秩序化、条理化的归纳、提炼也是装饰性色彩写生中必须面对和解决的问题。

秩序化、条理化的表现手法如下：造型尽量平面、变化，色彩尽量主观、夸张，体现色彩的情感和表意，不求客观真实。不考虑光线、时空的关系，也不考虑主次的关系。画面可以多视点，焦点和散点可以并存。追求偶然性效果，打破远近、冷暖、鲜灰的常规认识，重新安排构图,进行取舍、添加、解构、重组等,追求画面的节奏感、均衡感和形式感,打破视觉中心论。

在写生过程中,应注意强化形式美、装饰色彩的因素,做到色块组合、构成组合和多样统一(图 5-41、图 5-42)。

图 5-41　林风眠《静物》

图 5-42　布拉克《有鱼的静物》

二、学生作业

1. 不同静物装饰性写生训练（图5-43—图5-46）

图5-43　叶玲娟作品

图5-44　霍佳裕作品

图5-45　陆叶作品

图5-46　王丹作品

2. 相同静物的装饰性写生训练（图 5-47—图 5-52）

图 5-47　汤斯阳作品

图 5-48　陶怡作品

图 5-49　张婉作品

图 5-50　张奕真作品

图 5-51　马慎言作品

图 5-52　王姣作品

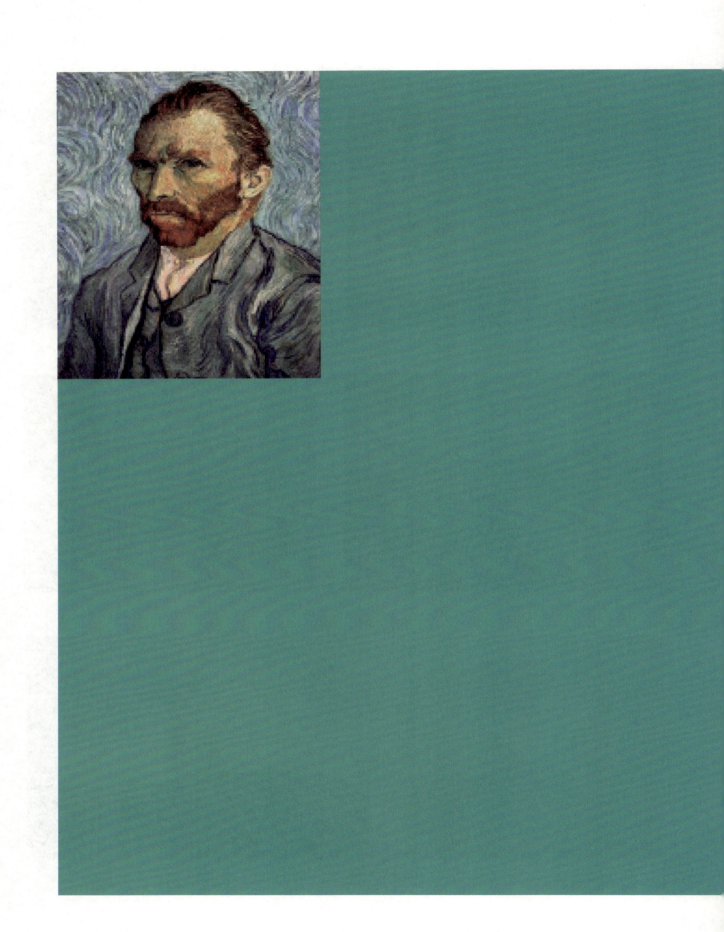

第六章 意象色彩表现

意象色彩更加强调主观意识，追求画者自己内心的感受，是富有意蕴和个人情感的色彩。它通过对自然的观察，表现对象的本质。西方抽象派大师康定斯基曾说过："形与色、点线面完全抛弃了解释性的企图，而成为表达内心世界的情感的象征符号。"我们东方的艺术思想和"道""象"有着密不可分的关系。

意象色彩主要区分于客观的写生色彩体系，更追求内心的感受，更强调主观的意识投入。

意象可以根据不同的感觉划分出很多种类。司空图从诗的角度曾提出过《诗品二十四则》，如自然、含蓄、豪放、雄浑、沉着、典雅、飘逸、旷达、劲健、二十四清奇等，它们同样适用于美术领域。

探索和认知意象色彩,对理解色彩的特性有着十分重要的作用(图6-1、图6-2)。

图 6-1　艾弗里《弓河》

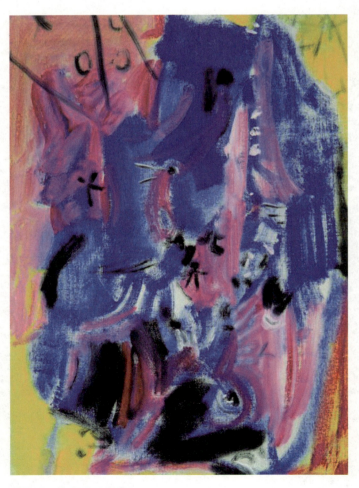

图 6-2　吴大羽《彩奏》

第一节 色块意象

一、色块联想

色块意象是指画面里的色块在意境、情感、意蕴以及象征意味等方面具有的自身特点。

人们看到色彩会产生相应的联想，比如蓝色让人联想到大海、星空、宇宙等，进而联想到深远、深邃、冷静。在同一形状里，不同的色彩也会使我们产生不同的联想。比如，红色在心的图形里让人产生热情、爱情的联想，而黑色在心的图形里则让人产生黑暗、恐怖的联想。伊顿曾对三原色红黄蓝和不同的基本形状做过研究，他认为：红色象征正方形，显示物体感、稳定感、重叠感和明确感，体现物体的静止与庄重；黄色象征三角形，产生一种好斗与进取的效果，热烈富有活力，明澈而刺激；蓝色象征圆形，显示出均匀、无限、宁静，谨守限制，羞涩而消极（图6-3—图6-5）。

图6-3 杜菲《一盘水果》

图6-4 凡·高《向日葵》

图 6-5　毕加索《两姐妹》

色块具有广泛的联想领域：（1）不同的地域文化对色彩的联想不同，如东西方文化对白黑色的理解与联想不同。（2）不同的心理需求产生的联想不同，如聋哑人对色彩的感知和正常人是不同的。（3）不同时期个体的心理体验不同，如凡·高的早期和后期作品，毕加索的蓝色时期和粉红色时期作品等。（4）文化的传承也是造成联想不同的主要因素，如东方的金、木、水、火、土五色理论。

二、学生作业

针对色块意向的认识和感受，利用相对抽象的色块进行意象表意命题训练。适当打破常规，如春夏秋冬、酸甜苦辣、软硬刚柔等。可根据自己喜好自主命题。如性格、歌词、时间等主题。

1. 性格（图6-6）

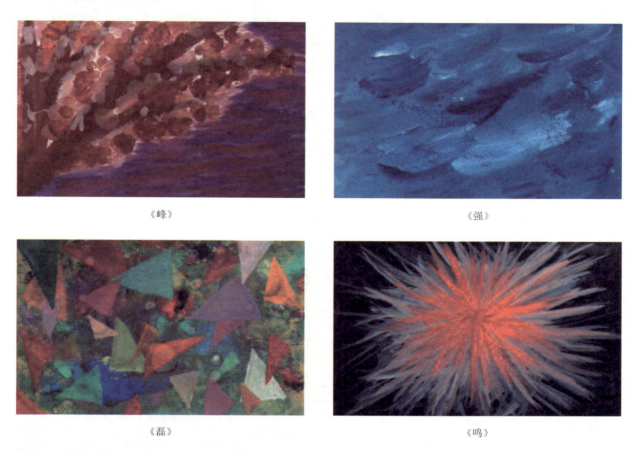

《峰》　　　　　　　　　　　　　　《强》

《磊》　　　　　　　　　　　　　　《鸣》

图6-6　张敏涵作品

2. 歌词（图6-7）

《匆匆那年》

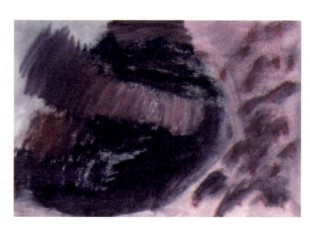
《如果再见不能红着眼，是否还能红着脸》

《我们要互相亏欠》

《相爱那年活该匆匆,因为我们不懂顽固的诺言》

图 6-7　谢天怡作品

3. 时间（图 6-8）

《夜幕游魂》

《深夜斑斓》

《悄然黄昏》

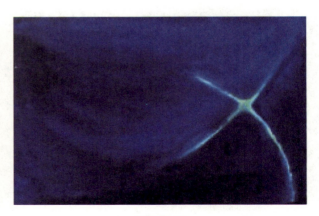
《黎明翩然》

图 6-8　张佳妮作品

第二节 肌理意象

一、肌理

肌理是绘画作品除了造型、色彩之外的又一重要特质。从远古的岩穴壁画到近现代绘画艺术，肌理已经发展成具有独立审美价值的富有丰富表现力的重要视觉元素。

肌理是伴随着材料和技法的不同而产生的综合性效果，是材料在画面上留下的纹理。肌理表现的目的是增加艺术的表现力，而不是为了表现肌理而制造肌理。肌理的制作和应用要和表现的主题相互吻合，如沙石有苦涩的沧桑感等。

不同的肌理产生不同的形式美感。可尝试新的材料与技法来表现，也可多种材质综合运用，如水彩、色彩、木炭、钢笔、水笔、彩铅、金银色的运用。具体方式可用丙烯、水墨、水彩、水粉做底，再在此基础上作画，保留肌理和底色的层次感，或将沙子、石膏、麻绳、乳胶等综合拼贴运用。行笔的快慢、颜色的厚薄等因素都会产生不同的肌理，有的粗糙深刻，有的温润如玉。在实践过程中要不断增强画面的视觉"触感"（图6-9、图6-10）。

图6-9　基弗《夜里的秩序》

图6-10　阿利卡《三件衬衫》

二、学生作业

对不同肌理进行尝试，可以利用不同的色彩颜料（水粉、水彩、丙烯、油画棒、色粉等）、不同的工具（不同质感的纸以及不同软硬、性能和形状的笔）、不同的表现手法（涂抹、挥洒、流淌、叠加、拓印、拼贴等）进行表现。

运用笔触、颜色的厚薄等表现感兴趣的主题，如感受、情感、歌曲等。

1. 感受（图6-11）

《海燕》

《枫》

《橘子红了》

《新年快乐》

图6-11 吴肖怡作品

2. 情感（图6-12）

《爱情》　　　　　　　　　　　　　　　《幻想》

《生命》　　　　　　　　　　　　　　　《死亡》

图6-12　李想作品

3. 歌曲（图6-13）

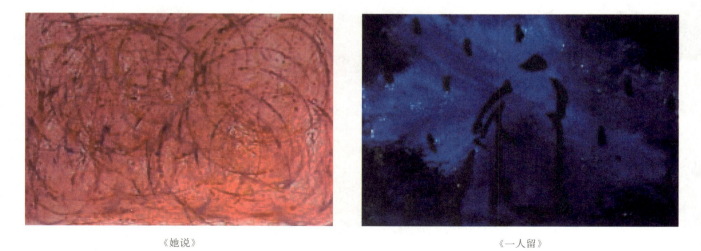

《她说》　　　　　　　　　　　　　　　《一人留》

| 色彩 | Colour

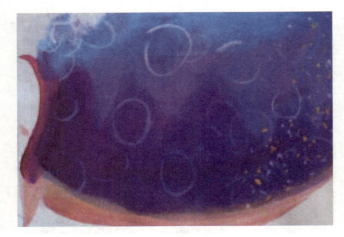
《你不知道的事》

《过不去》

图 6-13　周楠作品

通过同题异构的训练，运用不同材质和表现手法来表现同一母题（生活中的常见事物），感受不同的材料和表现手法带来的审美感受，体会材质感、肌理感产生的偶然性和可能性。

4. 同题异构（图 6-14—图 6-19）

图 6-14　苏陈甜子作品

第六章 意象色彩表现

图 6-15 葛丽琴作品

图 6-16 陆晓婷作品

图 6-17 沈敏章作品

图 6-18 孟烨作品

图 6-19 卞文瑾作品

第三节 抽象意象

一、抽象绘画

常有人把看不懂的画，如野兽派、表现主义的画都习惯性地叫作抽象画。那么到底什么是抽象画？抽象是相对具象而言的。最早的绘画都是抽象的，如岩穴的壁画、彩陶等。抽象绘画正式被提出是在现代。由具象绘画到抽象绘画是一个渐变的过程，如蒙特里安的《苹果树》系列（图 6-20）。

图 6-20　蒙特里安《苹果树》

所谓抽象，简单地说就是没有具体的形象，仅由基本元素点、线、面、色彩等组成。从某种角度和意义上说，抽象绘画比具象绘画更为触及本质。具象绘画在一定程度上也是具有抽象因素的。正如康定斯基所说："抽象绘画比物象具有更广阔、更自由、更丰富的内容。"抽象绘画可分为冷抽象和热抽象，代表画家分别是蒙特里安和康定斯基（图6-21、图6-22）。对抽象、意象、意境的表现更符合东方艺术和东方人的审美追求，代表画家有朱德群和赵无极等（图6-23、图6-24）。

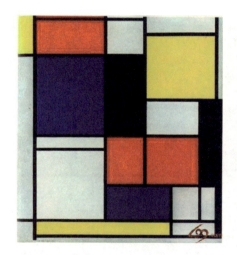

图6-21 蒙特里安《构成A》

图6-22 康定斯基《构成第14号》

图6-23 赵无极《1.7.50》

图6-24 朱德群《温柔的沉思》

二、学生作业

（一）表达主体感受

增强对抽象元素的理解以及对抽象表意的感受。运用抽象元素表达某一感兴趣主题，如状态、情绪、身份等主体感受性的表达。

1. 情绪（图6-25）

《心烦意乱》

《心灵纯净》

《高深莫测》

《内心绝望但仍有光明》

图6-25　黄孝俣作品

2. 状态（图6-26）

《离开喧嚣》

《时感迷茫》

《偶感孤寂》

《未知未来》

图6-26 佚名作品

3. 身份（图6-27）

《旁观者》

《小学生》

《掌权者》　　　　　　　　　　　　　　《自闭症》

图 6-27　姚荣春作品

(二) 自画像训练

抽象色彩可以表达内在的性格、气质等特点，再结合具象表现刻画，感受自画像的独特视角和魅力。

自画像是西方绘画中常见的题材，从文艺复兴的达·芬奇、丢勒，到荷兰的伦勃朗，再到后印象派的凡·高、塞尚和立体派的毕加索以及20世纪英国具象表现主义大师弗洛伊德等都是我们学习借鉴的典范。不同的大师表现自画像时的着眼点不同，有的是记录点滴的状态，有的是不同时期心理路程的记录，有的是艺术手段的探索、强化个人的语言风格等（图 6-28—图 6-30）。

图 6-28　丢勒《自画像》

 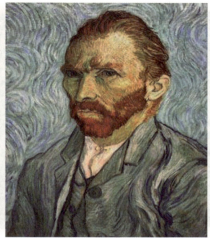 

图 6-29　凡·高《自画像》（比较）

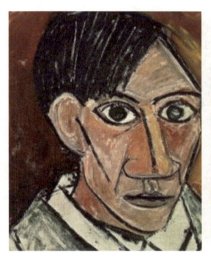 

图 6-30　毕加索《自画像》（比较）

学生选取一张自画像照片，用抽象的色彩表现自己的性格、气质（图 6-31—图 6-40）。

| 色彩 | Colour

图 6-31 左萍作品

图 6-32 沈雨情作品

图 6-33 刘甜甜作品

图 6-34 张萌作品

图 6-35 江梦芸作品

图 6-36 孙沁怡作品

图 6-37 张玮佳作品

图 6-38 张晓波作品

图 6-39 程透明作品

图 6-40 唐琳作品

第七章 作品赏析

欣赏是美术教学中的一项重要内容，也是相对复杂的一项内容。优秀作品是画家自身全面素养和艺术追求的体现。因此我们要学会用相对广阔的视野去学习和欣赏一些优秀作品，从而得到心灵上的熏陶。

多看，多分析，多想，多借鉴是提升美术素养的必由之路。因为美术素养的提升，不仅仅是在绘画技巧上，还包含图像的识读、美术表现、审美判断、创意实践、文化理解。欣赏和理解的能力潜移默化地渗透在美术素养的各个方面。

在审美文化中，由于社会阶层不同、价值观不同，审美有主流与边缘、传统与前卫、精英与大众、官方与民间之分。同时审美还是个人性情（智慧、意志、才能、风貌等）的综合体现。

审美的价值尺度千差万别，这是审美文化的多样性和审美个体的差异性造成的。然而审美事实也在向我们证明：在众多不同的、不断变化的中外审美文化和审美个性当中，又存在着某种相对稳定的共同的价值标准。此处的审美可以简单理解成欣赏。

本书主要从色彩的角度，按照时间发展顺序有所重点地选取经典大师的作品和优秀儿童绘画作品，提供初步的欣赏引导，旨在逐渐提升学生的相对全面的审美意识，为自身美术欣赏能力的提升和幼儿园儿童美术教学起到一定的引导作用。

第一节　经典大师美术作品

"取法其上，得乎其中；取法其中，得乎其下。"多看经典的大师作品，用心体会，是我们提升审美认识和绘画技能的必由之路。

在学习色彩过程中，多临摹、分析经典大师作品是正确有效的学习途径和方法。此外，对美术史有一定了解也是十分必要的。不同风格的绘画作品来源于不同时期和不同画家，每个时期有不同的审美追求，画家也有不同的个性和艺术语言。

一、不同时期绘画色彩的表现

1. 原始、民间美术时期

原始洞穴壁画中，颜料直接来源于矿物质，如红色来源于赤铁矿，黑色来源于锰矿。由于原材料本身种类少，所以这一时期画面色彩呈现单纯、简单的特征（图7-1）。很多民间美术用色也单纯、稚拙、大胆，色彩具有很强的象征性。

图 7-1　法国拉斯科洞穴岩画

2. 文艺复兴时期

这一时期是以意大利文艺复兴三杰达·芬奇、米开朗琪罗、拉斐尔为代表的时期。这一时期的色彩以固有色为主，处于造型、结构、透视、空间、质感等众多因素之后，属于从属地位。此时的色彩以客观再现对象为主（图7-2）。

图7-2　拉斐尔《自画像》

3. 巴洛克时期

16世纪欧洲爆发宗教改革运动，形成南欧的天主教文化圈，崇尚奢靡的巴洛克风格。这一时期的色彩具有宗教特色和享乐主义倾向。古典主义画家认为巴洛克艺术是一种堕落瓦解的艺术。代表画家有卡拉瓦乔等（图7-3）。

图7-3　卡拉瓦乔《占卜者》

4. 洛可可时期

18世纪，洛可可艺术诞生，主要体现一种资产阶级享乐主义思想。上层贵族对古典主义的庄严和肃穆不感兴趣，摆脱了宗教题材和历史题材的束缚，转而表现从容、优雅的田园牧歌和爱情，此时的色彩具有艳丽、雍容华贵的贵族审美趣味。代表画家有布歇、华托等（图7-4）。

图7-4　布歇《蓬帕杜夫人》

5. 新古典主义时期

18世纪末至19世纪早期法国大革命前夕，新兴的资产阶级反对腐朽的专制统治和黑暗的宗教势力，形成了一种复兴古希腊、古罗马时期的英雄主义风格。此时的画面同样是强调理性与题材性，不太重视感性、色彩。代表画家有达维特、安格尔等（图7-5）。

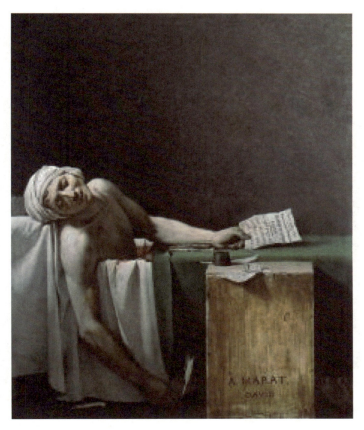

图 7-5 达维特《马拉之死》

6. 浪漫主义时期

18 世纪末到 19 世纪中叶,在欧洲产生了一次思想和艺术的运动。这一时期开始逐渐追求感情和个性的自由表达,重情感轻理智,色彩较之前大胆、生动。代表画家有德拉克罗瓦和席里科(图 7-6)。

图 7-6 席里科《梅杜萨之筏》

7. 现实主义时期

这一时期的画家以法国的库尔贝和"农民"画家米勒为代表，此时的色彩重在更为质朴地表现普通人的人性光辉（图 7-7）。

图 7-7　米勒《拾穗者》

8. 印象派时期

这一时期是色彩大变化的时期，打破了之前的黯淡色彩，固有色色彩变得丰富和鲜亮起来。牛顿的光色理论使这一时期的色彩更加注重和光的关系，加以户外直接写生自然的表现方式，光源色、固有色、环境色在表现中变得十分重要。代表画家有莫奈、西斯莱、毕沙罗、雷诺阿等（图 7-8—图 7-10）。

图 7-8　莫奈《干草堆系列》

图 7-9 毕沙罗《秋日乡道》

图 7-10 雷诺阿《桃花恋》

9. 后印象派时期

这一时期是开始探寻艺术本质的时期，不再像印象派画家那样表现光色变化的瞬间印象，而是更加注重主观感受，以造型、线条、色彩来呈现个体的审美追求和意识、情感。代表画家有塞尚、高更、凡·高（图 7-11—图 7-13）。

图 7-11 塞尚《玩纸牌者》

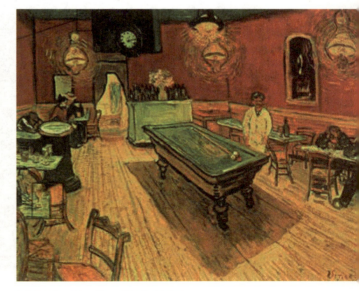

图 7-12 凡·高《夜间咖啡馆》

图 7-13　高更《布道后的幻想》

10. 原始画派、纳比画派、维也纳分离派

原始画派、纳比画派、维也纳分离派都基本产生于 19 世纪末。原始画派的代表画家卢梭所表现的色彩单纯明亮，有儿童的稚趣感；纳比画派以法国的勃纳尔和维亚尔为代表，他们善于运用色彩的冷暖营造出和谐的具有装饰感的画面；维也纳分离派的代表画家席勒，个人风格强烈，颤抖的色彩、紧张而具有神经质的线条及形象，震撼人的心灵（图 7-14—图 7-16）。

图 7-14　卢梭《吞食猎物的狮子》

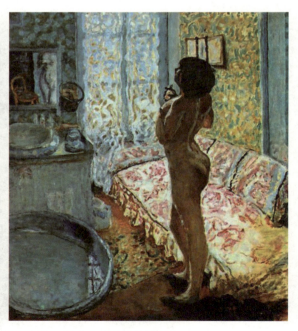

图 7-15　博纳尔《逆光的裸女》

图 7-16　席勒《自画像与小酸浆》

11. 俄罗斯的巡回画派

19 世纪后半期,俄罗斯巡回画派的形成标志着俄罗斯批判现实主义的形成,此派同法国的印象派一起,成为欧洲美术史上引人关注的两大流派。列宾、苏里科夫都是这一时期的现实主义绘画大师,他们的画面色彩具有现实主义的独特力量感,同时也出现了如列维坦、谢洛夫、希施金等大师,他们的画面色彩或宁静而略带哀愁,或含蓄雅致,或写实生动(图 7-17、图 7-18)。

图 7-17　列宾《伏尔加河上的纤夫》

图 7-18　列维坦《傍晚的钟声》

12. 野兽派

野兽派是 20 世纪早期第一个西方现代主义绘画流派。此派强调色彩的解放，更多地表现个人的情绪、情感。马蒂斯为代表画家，后来，他将画面的色彩提炼得更加构成化、平面化（图 7-19）。

图 7-19　马蒂斯《戴帽妇人》

13. 表现主义

此处的表现主义是狭义的理解，它是特指20世纪上半叶出现的一个艺术流派，和立体主义、未来主义、达达主义、超现实主义等同属于重要的现代主义流派。这个时期的色彩同样注重作者内心的表达，色彩上加强了表达性和宣泄性。代表画家有挪威的蒙克，德国表现主义画家诺尔德、贝克曼，奥地利的科科什卡，俄国的夏加尔等（图7-20、图7-21）。

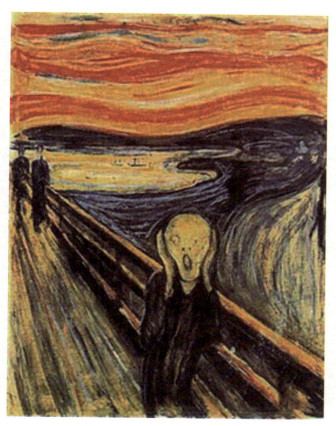

图7-20 蒙克《呐喊》

图7-21 诺尔德《最后的晚餐》

14. 立体主义

立体派的画家们相信理性的沉思和分析，不相信情感和无意识的灵感。代表画家为毕加索、波拉克、莱热等。色彩仍是主观色彩，但结构的分解、重构则是他们探索的重点（图7-22）。

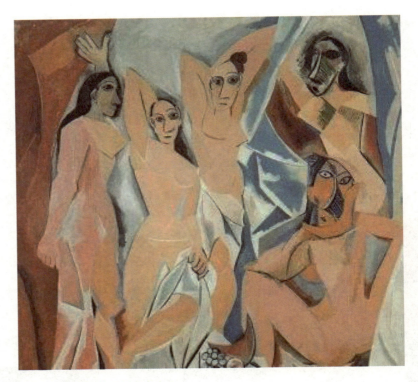

图 7-22 毕加索《亚威农少女》

15. 抽象主义

抽象主义的鼻祖是俄国的康定斯基,他是热抽象代表画家,另一位荷兰画家蒙特里安是冷抽象的代表画家,他把抽象主义发展到极致。此时的色彩只是作为他们表现情绪、情感和画面构成的语言,同时也具有一定的审美价值(图 7-23、图 7-24)。

图 7-23 康定斯基《若干个圆》

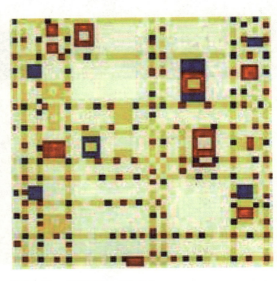

图 7-24 蒙特里安《作品》

16. 超现实主义

超现实主义最早起源于法国诗坛，是发生于第二次世界大战之前的一个国际性的文学艺术运动。超现实主义分为魔幻超现实主义和逼真超现实主义。前一派代表画家是达利和玛格丽特，色彩和构图怪诞，不合情理和常理。后一派的代表画家是米罗和克利，他们通常运用抽象的造型元素，相对优美、具有暗示性的色彩，来表现他们个人的、无意识或者下意识的幻想（图7-25、图7-26）。

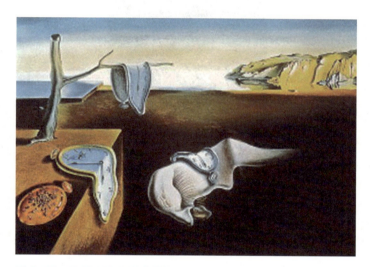

图7-25　达利《记忆的永恒》

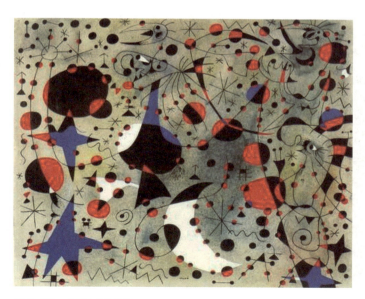

图7-26　米罗《晨星》

17. 达达主义

达达主义是对原有的"美的艺术"体系的大颠覆，是一种奇特、狂热的艺术形式。以杜桑为代表，他的出现改变了西方现代艺术发展的进程（图 7-27）。

图 7-27　杜桑《L. H. O. O. Q.》（给蒙娜丽莎填上小胡子）

18. 抽象表现主义

二战期间，美国逐渐取代法国，成为艺术中心。抽象表现主义并不是某种艺术观念的创新，而是把已有的观念推向极致。代表画家有德库宁、波洛克、罗斯科等。这一艺术形式中的色彩是主观表达或者极简追求，以表达人类的基本情感（图 7-28、图 7-29）。

图 7-28　波洛克《3 号》　　图 7-29　罗斯科《白色中心》

19. 波普艺术

20世纪50年代末，美国抽象表现主义运动的发展把抽象主义推向了极致。60年代出现了面貌一新的流行艺术，也叫大众艺术的波普艺术，它把西方艺术的发展推向了一个新的领域和方向。代表画家有劳森伯格和沃霍尔等。此时的色彩更醒目，更具有商业的气息（图7-30、图7-31）。

图7-30　劳森伯格《中国夏宫》

图7-31　沃霍尔《玛丽莲·梦露》

20. 德国新表现主义时期

20世纪60年代中期，德国画坛出现了具有回归倾向，与现代主义背道而驰的新的绘画形式，其作品出现明显的表现主义风格。代表画家有巴塞利兹、里希特、基弗等。此时的色彩更多的是情感的载体（图7-32、图7-33）。

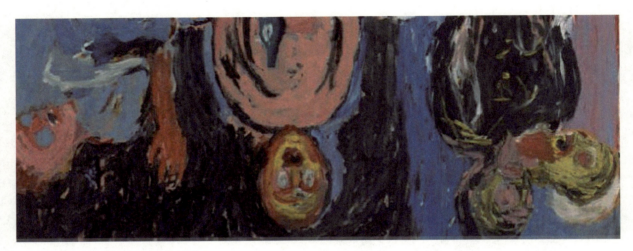

图7-32　巴塞利兹《德累斯顿晚餐》

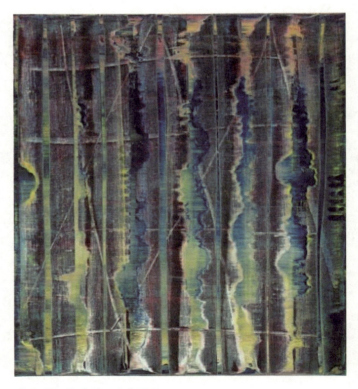

图7-33　里希特《抽象画》

21. 美国的新绘画

新绘画在美国风格多样，包括"新意象绘画""新表现主义""图案与装饰""涂鸦艺术""新象征""新具象绘画"等。这些风格的表现形式和手法百花齐放，各有各的特点（图7-34、图7-35）。

图7-34　吉斯·哈林《摇滚你的眼睛》

图7-35　巴斯奎厄特《市侩们》

22. 英国的新精神时期

这一时期起源于20世纪80年代英国皇家艺术学院举办的"绘画中的新精神"展览，英国的代表画家是弗洛伊德和奥尔巴赫，他们的作品呈现出区别于欧美的独有的精神气质（图7-36）。

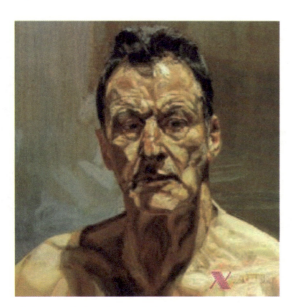

图7-36　弗洛伊德《自画像》

第二节 优秀儿童美术作品

一、儿童美术

对儿童来说，美术源于游戏，当儿童对一个点、一条线、一块色彩开始涂鸦时，就开始了对美的欣赏和探索。

儿童美术一般指3～15岁，儿童和少年两个年龄段的美术，可以简单分为儿童绘画、儿童手工和儿童美术欣赏。此处重点讲的是儿童绘画中的色彩绘画作品欣赏。

儿童通过对外界事物的感知、体验、思考，运用绘画工具和材料，以线条、形状、色彩等造型语言完成作品。儿童绘画看似简单，天马行空，却体现了其身心和审美发展的广阔领域。儿童对外界事物的感知、观察、借鉴、记忆、想象和创造能力都在他们的作品中有所体现，因此，正确地欣赏和引导儿童绘画，对儿童形成良好的心理品质和审美情趣有重要作用。

儿童画有以下分类：从工具和材料上可分为油画棒画、水粉画、水彩画、彩铅画、色粉画、马克笔画、水墨画、纸版画等；从表现技法上可分为线描画、刮画、喷洒画、拓印画、棉签画、指点画等；从题材和内容形式上可分为命题画、意愿画等。

1. 题材和表现内容

儿童绘画的题材无外乎他们熟悉的事物，如蔬果、花草、动物、人物、生活物品等。儿童偏爱具体的事物，进而以绘画的形式表现出来。著名的教育心理学家加德纳认为，2～7岁的儿童对作品内容的感知先于对作品形式的感知。比如儿童喜欢画小鱼，一定是先喜欢小鱼。儿童对某一题材的喜爱会在较长时间内反复出现，仅有略微的形态和位置的变化，比如一个儿童喜欢画猫，他可能一段时间内对猫着迷，画面中也会出现各种形态的猫。儿童在重复表现某一题材时，其中也渗透了他们的情感和对表现对象的进一步创造和加工（图7-37、图7-38）。

图7-37 韩嘉泽（7岁）作品

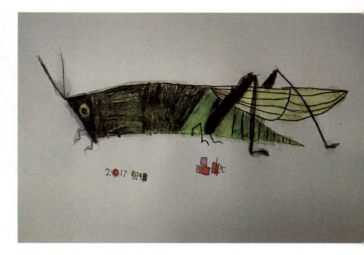

图7-38 吕屹（8岁）作品

2. 风格和表现形式

儿童美术表面上看以意象、半抽象或抽象为主，而实际上其本质是倾向于具象的。只是他们的年龄段达不到具象中所谓"像"的表现。一般来说，3~6岁儿童的表现能力以抽象和意象为主，6~10岁才逐步有了意象和具象的表现能力。

儿童对美术作品的审美是具象的，对抽象绘画的喜爱程度最低，这和我们以成人的眼光看待儿童画的表现恰恰相反。他们喜欢在画面中表现熟悉的景物、人物，或者他们感兴趣的某个点。之所以我们成人看着儿童美术作品容易被感染、被打动，很大程度上是因为这是儿童情感真实、自然的流露。只是他们的大脑发育程度和绘画技巧达不到相应程度，所以儿童画所体现出来的特点是简朴、稚拙、单纯、不规范、符号性（图7-39、图7-40）。

| 色彩 | Colour

图 7-39　董龙恩（5 岁）作品

图 7-40　李雪霏（8 岁）作品

3. 色彩

初期儿童的色彩源自喜欢、好看、漂亮、鲜艳等悦目的直觉感受。儿童本能地不喜欢单一、灰暗的色彩。随着年龄和心智的成长，他们从最早期的凭直觉，到逐步开始了解色彩的基本原理、色彩关系、色彩构成等，色调也变得丰富多样，而并不限于鲜艳的审美感受（图 7-41—图 7-44）。

图 7-41　王可心（5 岁）作品

图 7-42　刘妙湉（9 岁）作品

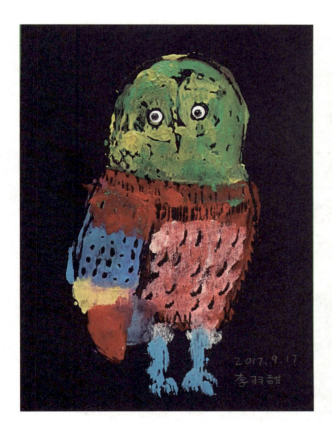
图 7-43　李羽甜（7 岁）作品

图 7-44　李晟瑞（9 岁）作品

图 7-48 对大师作品的借鉴和熟悉动物的添加,较真实地体现了这个年龄段儿童的思维和行为发展特征。

图 7-48　朱希文(8岁)作品

2. 更多作品欣赏（图 7-49—图 7-67）

图 7-49　林熙晨(4岁)作品

图 7-50　赵晨宇(4岁)作品

图 7-51 朱爱雯（4 岁）作品

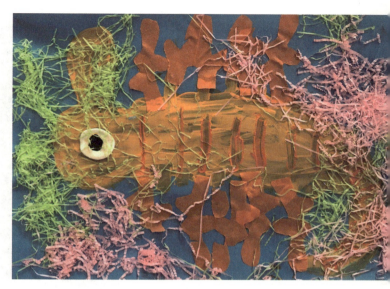

图 7-52 陈沐言（5 岁）作品

图 7-53 姜子郁（5 岁）作品

图 7-54 徐曼然（6 岁）作品

| 色彩 | Colour

图 7-55 戴馨漪（6岁）作品

图 7-56 李炜月（7岁）作品

图 7-57 夏元浩（9岁）作品

图 7-58 孟泽林（8岁）作品

图 7-59　叶雨婷（7 岁）作品

图 7-60　孟泽林（8 岁）作品

| 色彩 | Colour

图 7-61　王恬欣（11 岁）作品

图 7-62　因知岳（11 岁）作品

图 7-63 张显阳（12 岁）作品

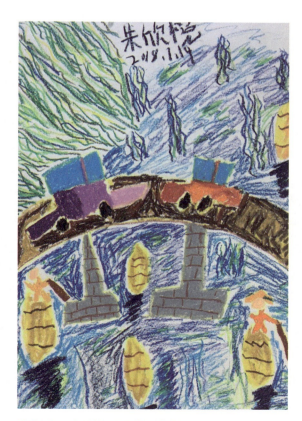

图 7-64 朱欣悦（11 岁）作品

图 7-65 黄罗敏（12 岁）作品

| 色彩 | Colour

图 7-66 徐嘉遥（11 岁）作品

图 7-67 徐嘉忆（12 岁）作品

参考书目

张昭济. 绘画（一）［M］. 2版. 上海：复旦大学出版社，2013.
陆琦. 从色彩走向设计［M］. 杭州：中国美术学院出版社，2004.
温巍山. 美术·造型-表现［M］. 南京：河海大学出版社，2003.
殷荣荣. 美术·绘画-创编：第2册［M］. 南京：河海大学出版社，2016.
车建全. 色粉画技法探新［M］. 天津：天津人民美术出版社，1999.
［英］柯蒂斯·塔彭登. 30种实用色粉画技法［M］. 刘梦愚，译. 南宁：广西美术出版社，2017.
飞乐鸟工作室. 彩色铅笔零基础入门教程［M］. 北京：北京工艺美术出版社，2018.
［英］杰里米·高尔顿. 油画技法［M］. 黄超成，刘畅，译. 南宁：广西美术出版社，2012.
马也，仇永波. 色彩基础［M］. 沈阳：辽宁美术出版社，2014.
程蓉洁，冷先平，孙霖. 色彩构成［M］. 武汉：华中科技大学出版社，2005.
周澍辉. 儿童油画棒画教程［M］. 长沙：湖南美术出版社，2013.
广西美术出版社高等艺术教育教材编辑部［M］. 美术：鉴赏·造型. 南宁：广西美术出版社，2006.
张光荣. 色彩基础［M］. 北京：人民美术出版社，2012.
王贤培，李白丁. 设计色彩［M］. 苏州：苏州大学出版社，2005.
陈世宁. 西方美术通论［M］. 南京：南京大学出版社，2005.
董伟. 儿童美术活动［M］. 南宁：广西美术出版社，2012.

后 记

　　本书的主旨是让学前教育专业的学生在相对客观和全面地了解色彩的基础知识上，不仅认识到自然色彩和写生色彩，对本性色彩和抽象色彩、意象色彩、主观色彩等也有更全面的了解，有效过渡到接下来的学习中，小到装饰画、绘本、教学玩具的制作，大到幼儿园环境布置、培养儿童美术色彩观。本书编写过程中综合了各位参编人员在各自研究领域的所长，语言简练，范图恰当，分析到位，针对性强，有一定的实践和探索价值。

　　本书在撰写过程中得到了各方面专家、同仁的支持和关心，特别感谢苏州幼儿师范高等专科学校庆旭总主编，在他的统筹和合理安排下，我们进行了每个分册的编写，为幼师教材的合理性提供了一次新的实践和调整。

吴慎峰

2023 年 1 月